中华优秀传统文化的传承与发展研究

李晓明◎著

文化发展出版社
Cultural Development Press
·北京·

图书在版编目（CIP）数据

中华优秀传统文化的传承与发展研究 / 李晓明著
. — 北京 : 文化发展出版社，2023.10
ISBN 978-7-5142-4151-8

Ⅰ. ①中… Ⅱ. ①李… Ⅲ. ①中华文化－研究 Ⅳ.
① K203

中国国家版本馆 CIP 数据核字(2023)第 214516 号

中华优秀传统文化的传承与发展研究

李晓明　著

出 版 人：宋　娜
责任编辑：岳智勇　　　　责任校对：侯　娜
责任印制：邓辉明　　　　封面设计：守正文化
出版发行：文化发展出版社（北京市翠微路 2 号 邮编：100036）
网　　址：www.wenhuafazhan.com
经　　销：全国新华书店
印　　刷：天津和萱印刷有限公司

开　　本：710mm×1000mm　1/16
字　　数：215 千字
印　　张：12
版　　次：2024 年 3 月第 1 版
印　　次：2024 年 3 月第 1 次印刷

定　　价：72.00 元
I S B N：978-7-5142-4151-8

◆ 如有印装质量问题，请电话联系：010-58484999

作者简介

李晓明，女，1986 年 2 月生，毕业于河北大学法律硕士，浙江大学访问学者，现任杭州万向职业技术学院教师，副教授职称，河北省社会主义学院、河北省中华文化学院客座教授，长期从事高校思想政治理论研究与教学工作，参编教材一部，教辅用书一部；发表核心论文多篇；获省部级教学奖项多项；主持建设的课程“思想道德修养与法律基础”入选省级精品课。

前　言

文化是一个国家、一个民族的灵魂，特别是在全球化的今天，各种文化、多种思潮相互交错、相互激荡，开启了世界历史的新时代。在世界各国之间的竞争日趋激烈的情况下，文化决定着一个国家的软实力，决定着一个国家的综合国力和国际地位。特别是在中华民族迈向伟大复兴、阔步走向世界的当下，文化自信、文化复兴显得尤为重要和紧迫。传承和发展中华优秀传统文化无疑是坚定文化自信，走向文化复兴的有效途径。

中华优秀传统文化博大精深、浩如烟海，其智慧光芒穿透历史、思想价值跨越时空，历久弥新，成为人类共有的精神财富。中华优秀传统文化凝聚着中华民族普遍认同和接受的文化观念、思想品格、道德规范、价值取向、情感认同等。加强对中华优秀传统文化的传承和发展，是实现中华民族伟大复兴梦、构建民族自信心和自豪感、树立国民人文素养的要求，是培育和践行社会主义核心价值观、落实立德树人根本任务的重要基础。全社会特别是肩负着社会主义建设使命的年轻人，要深入学习传统文化、寻民族之根，充分认识文化传承的现实意义，自觉地弘扬中华优秀传统文化，从而实现中华传统文化的复兴。

本书内容共分为五章。第一章为中华优秀传统文化概述，主要介绍了四个方面的内容，依次是基本概念界定、中华优秀传统文化主体研究、中华优秀传统文化传承的意义、中华优秀传统文化的发展概况。第二章为中华优秀传统文化的成就，主要介绍了三个方面的内容，依次是中华优秀传统文化的思想成就、中华优秀传统文化的科学成就、中华优秀传统文化的文化艺术成就。第三章为中华优秀传统文化传承的理念，主要介绍了三个方面的内容，依次是坚持马克思主义的指导、坚持受众为主体与价值建构、坚持传承与发展中的创新性。第四章为中华优秀传统文化传承的策略研究，主要介绍了三个方面的内容，依次是中华优秀传统文化传承的现状与经验、中华优秀传统文化传承的有效途径、新媒体环境下的传播路径。第五章为中华优秀传统文化的创新发展，主要介绍了四个方面的内容，依次是中华优秀传统文化面临的危机与转变、中华优秀传统文化的现代化价值、中华优秀传统文化创新发展的基本路径、中华优秀传统文化创新发展的工作重点。

在撰写本书的过程中，笔者得到了许多专家学者的帮助与指导，参考了大量的学术文献，在此表示真挚的感谢。由于笔者水平有限，书中难免会有疏漏之处，希望广大同行及时指正。

李晓明

2023 年 4 月

目录

第一章　中华优秀传统文化概述……1
第一节　基本概念界定……1
第二节　中华优秀传统文化主体研究……17
第三节　中华优秀传统文化传承的意义……28
第四节　中华优秀传统文化的发展概况……33

第二章　中华优秀传统文化的成就……49
第一节　中华优秀传统文化的思想成就……49
第二节　中华优秀传统文化的科学成就……60
第三节　中华优秀传统文化的文化艺术成就……77

第三章　中华优秀传统文化传承的理念……102
第一节　坚持马克思主义的指导……102
第二节　坚持受众为主体与价值建构……109
第三节　坚持传承与发展中的创新性……120

第四章　中华优秀传统文化传承的策略研究……130
第一节　中华优秀传统文化传承的现状与经验……130
第二节　中华优秀传统文化传承的有效途径……139
第三节　新媒体环境下中华优秀传统文化的传播路径……146

第五章　中华优秀传统文化的创新发展……153
第一节　中华优秀传统文化面临的危机与转变……153
第二节　中华优秀传统文化的现代化价值……161
第三节　中华优秀传统文化创新发展的基本路径……173
第四节　中华优秀传统文化创新发展的工作重点……177

参考文献……181

第一章　中华优秀传统文化概述

我国有上下五千年的历史，积淀了深厚的历史文化。本章为优秀传统文化概述，主要对基本概念界定、中华优秀传统文化主体研究、中华优秀传统文化传承的意义、中华优秀传统文化的发展概况四个方面进行了说明。

第一节　基本概念界定

一、什么是文化

（一）古代汉语中的“文化”

中华文化的显著特征是博大精深、源远流长。专家指出，“文化”一词早在中国古代汉语中便已经存在。所谓“文”是指各种色彩相互交错的纹路。《易·系辞下》称：“物相杂，故曰文。”《礼记·乐记》称：“五色成文而不乱。”《说文解字》称：“文，错画也，象交文。”其中的“文”都是这个意思。除此之外，“文”一词又有许多其他的引申意义。

其一，包括语言文字内的各种象征符号，进而具体化为文物典籍、礼乐制度。《尚书·序》所载伏羲画卦，造书契，“由是文籍生焉”，《论语·子罕》所载孔子说“文王既没，文不在兹乎”，是其实例。

其二，由伦理之说导出彩画、装饰、人为修养之义，与“质”“实”对称，所以《尚书·舜典》疏曰“经纬天地曰文”，《论语·雍也》称“质胜文则野，文胜质则史，文质彬彬，然后君子”。

其三，在前两层意义之上，更导出美、善、德行之义，这便是《礼记·乐记》所谓“礼减而进，以进为文”，郑玄注“文，犹美也，善也”，《尚书·大禹谟》所谓“文命敷于四海，祗承于帝”。

“化”，本义为改易、生成、造化，如《庄子·逍遥游》:“北冥有鱼，其名为鲲，鲲之大，不知其几千里也。化而为鸟，其名为鹏，鹏之背，不知其几千里也。”《易·系辞下》:“男女构精，万物化生。”《黄帝内经·素问》:“化不可代，时不可违。”《礼记·中庸》:“可以赞天地之化育。”归纳以上诸说，“化”指事物形态或性质的改变，同时“化”又引申为教行迁善之义。

“文”与“化”并联使用，较早见之于战国末年儒生编辑的《易传》:“刚柔交错，天文也；文明以止，人文也。观乎天文，以察时变；观乎人文，以化成天下。”意思是：通过观察天象，来了解时序的变化；通过观察人类社会的各种现象，用教育感化的手段来治理天下。这段话里的“文”，即从纹理之义演化而来。日月往来交错文饰于天，即“天文”，亦即天道自然规律。

同样，“人文”，指人伦社会规律，即社会生活中人与人之间纵横交织的关系，如君臣、父子、夫妇、兄弟、朋友，构成复杂网络，具有纹理表象。这段话说，治国者须观察天文，以明了时序之变化；又须观察人文，使天下之人均能遵从文明礼仪，行为止其所当止。在这里，“人文”与“化成天下”紧密联系，“以文教化”的思想已十分明确。

西汉刘向将“文”与“化”二字联为一词，在《说苑·指武》中写道:“圣人之治天下也，先文德而后武力。凡武之兴，为不服也。文化不改，然后加诛。”这里的“文化”，或与天造地设的“自然”对举，或与无教化的“质朴”“野蛮”对举。

因此，在汉语系统中，“文化”的本义就是“以文教化”，它表示对人的性情的陶冶，品德的教养，本属精神领域之范畴。随着时间的流变和空间的差异，“文化”逐渐成为一个内涵丰富、外延宽广的多维概念，成为众多学科探究、阐发、争鸣的对象。

（二）近现代关于“文化”的解读

100 多年来各国学者提出了众多不尽相同的看法，据《大英百科全书》统计，世界上仅在正式的出版物中给文化所下的定义即达 160 种之多，可谓众说纷纭，见仁见智，莫衷一是。

从字源上看，英文与法文的文化一词均为“culture”，原从拉丁文的“culture”而来。拉丁文“culture”有耕种、居住、练习、注意、敬神的含义，可见它的含义比较广泛。英文中的“农业”一词“agriculture”，“蚕丝业”一词“silk culture”，“体育”一词“physical culture”，都由“culture”构成，显然都有“文化”的含义在内。

英国人类学家爱德华·泰勒给文化下过定义：文化是一个复杂的总体，包括知识、信仰、艺术、道德、法律、风俗，以及人类在社会里所得一切的能力与习惯。[①] 这是非常宽泛的“大文化”的概念。

有“后工业社会之父”之称的美国社会学家丹尼尔·贝尔认为，社会可以分为“经济、政治、文化分立”三个领域，他说：“我想文化应定义为有知觉的人对人类面临的一些有关存在意识的根本问题所作的各种回答。这些问题的反复出现就构成文化世界，只要对存在的极限有所意识的人所在的社会里都能碰见这些问题。”[②]

梁漱溟认为：“文化之本义，应在经济、政治，乃至一切无所不包。”[③] 在梁启超尚未写成的《中国文化史目录》一书中，列有 28 个几乎囊括中华民族生活全部内容的“篇”，其中便有一个独立的饮食篇章。

综合可见，对“文化”的理解，中外比较一致的倾向是宽泛论观点，即“大文化”观点。诚然，众多的定义体现的宽窄程度是不尽相同的。

（三）文化的内涵

文化有广义和狭义两种内涵。广义的文化是指，在社会与历史的发展过程中，人类创造的一切精神与物质财富的总和。其中包括三个方面的内容，分别为物质文化、心理文化与制度文化。

所谓物质文化，主要是指人类在长时间生存与发展过程中，创造的物质文明，包括交通工具、日常用品、服饰用品等显性的、实实在在的物品。而心理文化与制度文化则是隐形文化，包括了哲学、文学及政治等方方面面的内容。制度文化主要涵盖了生活制度、社会制度及家庭制度等；心理文化主要包括宗教信仰、思维方式、审美趣味等。

---

① （英）爱德华．泰勒．原始文化[M]．连树声，译．南宁：广西师范大学出版社，2005.

② （美）丹尼尔．贝尔．后工业社会的来临[M]．高话，等，译．南昌：江西人民出版社，2018.

③ 梁漱溟．中国文化要义[M]．上海：上海人民出版社，2005.

狭义的文化就是在历史进程中一定的物质生产方式的基础上发生和发展的社会精神生活形式的总和，指社会的意识形态以及与之相适应的制度和组织机构。

二、文化的特征

（一）多样性

在整体上，世界文化的特征呈现出多样性，这是因为在不同的自然和社会历史条件下，形成了不同的文化模式与种类。各民族的文化都是全人类的共同财产，它们形态各异，各具特色，因此相互之间不可取代。无论哪个民族的文化遭到破坏对于整个人类来说都是一种莫大的损失。

（二）民族性

“文化总是根植于民族之中，与民族的发展相伴相生。一个民族有一个民族的文化，不同民族有不同的民族文化。民族文化是民族的表现形式之一，是各民族在长期历史发展过程中自然创造和发展起来的，具有本民族特色的文化。”[①]

民族文化不仅有着极为丰富的内涵，而且还具有多姿多彩的形式。一个民族的文化内涵是丰富还是缺乏，与该民族社会生产水平的高低、民族历史的长短有着不可分割的关系。文化内涵丰富的民族必然也有着强烈的民族文化精神与突出的民族个性。例如，美国是一个高度强调个人主义、重视个人价值与重要性的国家。这个国家所推崇的是实用主义，对于利润、效率也极为重视，这与其高度发达的社会生产水平有着密不可分的关系。对于日本而言，其文化最鲜明的特征便是强烈的东方文化色彩，日本文化强调群体主义和为整体献身的精神。美国与日本，社会历史发展长短不一，生产发展水平也不完全一致，因此两个国家在文化上的表现呈现出强烈的民族文化个性，这便是民族性最鲜明的体现。

（三）发展性

文化始终处于不断发展变化的过程之中，这也是文化的本质属性。在 19 世纪，人类学家对进化论进行阐述时指出，人类的文化是一个由简单到复杂，从低级到高级的进化过程。无论是人们原始生活时期的茹毛饮血演变到现代社会的时

① 雷家军．文化自信：历史、理论与逻辑[J]．理论学刊，2016（6）：22—27.

尚生活，还是早期农业生产的刀耕火种，演变到现代社会生产的信息与自动化特征。这些都是文化进步与发展的证明。可以说人类的现代社会乃至现代文明，都是文化发展的产物。功能学派的代表人物马林诺夫斯基认为，文化过程便是文化变迁。文化变迁是现存的社会秩序，包括组织、信仰、知识和工具以及消费者的目的或多或少地发生改变的过程。对于文化稳定与文化发展而言，前者是相对的，后者是绝对的。

（四）时代性

在人类发展的历史进程中，每一个时代都有自己典型的文化类型。例如，可以根据生产力水平和科技水平为时代划分的标准，将整个人类文化历史，分为石器时代的文化、青铜器时代的文化、铁器时代的文化、蒸汽机时代的文化、电力时代的文化和信息时代的文化。又比如，汉、唐、宋、元、明和清各朝最具代表性的文学样式，分别为赋、诗、词、曲、小说。文化类型的变异是时代更迭的必然产物，新的文化类型取代旧的文化类型是必然发展趋势。承认发展性并不意味着否认文化的继承性，更不意味着，对于整个文化发展体系内部是各自断裂的状态。对前人的文化进行批判继承是人类旧时代演进为新时代的必然要求，新时代对旧时代文化的吸纳，可以促使新时代在继承的基础上进行创新，创造出属于本时代的鲜明文化类型，这便是文化时代性的深刻内涵。

三、中国文化

文化是一个历史的、动态的发展过程。文化不仅是一个历史现象更是一个社会现象。从这一角度而言，文化是指一定的国家或民族所拥有的语言文字、性格特征、社会心理、传统道德、生活方式、哲学思维模式以及社会生产力水平等诸种精神与物质要素综合作用的结果及其表现形式。

“文化是社会的遗传基因，反映社会的本质。一个国家或民族的文化特征，体现其精神面貌、潜在经济实力和科技水平。”[①] 文化、经济与科技在社会发展过程中扮演的角色各不相同，经济是社会发展的基础、科技是社会发展的关键，而文化则起着先导作用。文化是一个民族的内在灵魂，文化的发展对人类的生存与

① 齐卫平．文化自信的实质与意义[J]．中原文化研究，2016（5）：102—108．

绵延有着特别的意义与价值。中华民族的文化是一个历史性的概念，既包含着传统文化又包含着近代文化与现代文化。中华民族在人类历史长河中，以绵延不息的民族文化与历久弥新的生命力，显示出巨大的民族魅力。

中华民族经历了五千年的岁月变迁，数千年历史的风雪孕育了灿烂的中华民族文化。在中国文化中，思想文化与制度文化闪烁着熠熠的光彩，是中国文化的本质气象之所在，是中国文化的灵魂。

中国文化的概念是丰富的，有着广阔的外延意义。中国文化从性质上来说，是一种精神支撑和智力支持，支撑着中华民族几千年的发展与进步；从结构的角度上来说，物质文化、思想文化、制度文化等文化类型，共同构成了中国文化这个完整的系统；从内容的角度上来说，中国文化是以汉族文化为主体，包含了中国各个少数民族的多元文化整体。就载体而言，它包括经史子集之类的典籍和中华民族的风俗习惯与生活方式等；就时代性而言，它是与时俱进、不断发展、彰显时代精神的产物。

四、中国传统文化

（一）中华传统文化的内涵

中华民族经历了五千年的岁月交替，中华大地上的劳动人民经过数千年的历史演进，才创造了如此博大精深的中华文化，中华文化对于世界文明而言有着不可磨灭的巨大贡献。世界四大文明古国是世界上历史最悠久的国家，而中国是唯一没有中断，一直延续了五千年文明的国家。中国祖先在几千年前创造的文字，至今中国人仍在使用，大一统的国家形态也从古代一直延续到现在。几千年前，中国的思想家们就提出了一个个博大精神的思想体系，如孔子提出的儒家思想，老子提出的道家思想，墨子提出的墨家思想及韩非子提出法家思想。渗透在这些思想之中的中华民族的价值观念显示出巨大的思想魅力，如孝悌忠信、天人合一、礼义廉耻、自强不息等。

中国传统文化是在中国古代社会中形成和发展起来的，同时中国传统文化是比较稳定的文化形态。中国传统文化展现着中华民族的历史遗产，是中国人民智慧的结晶。科学文化精神蕴含在中国传统文化体系之中，主要体现在三个方面：

一是凝聚之学，中国传统文化是一种内部凝聚的文化，有着注重和谐的精神属性。在这种文化体系中，个人与他人、人与自然、个人和群体都有机地联系起来。二是中国传统文化是一种兼容之学，中国古代对外交往由于客观外在的原因受到限制，但是中国传统文化还是在这种环境下，以一种开放包容的姿态容纳了外来的佛教文化。三是经世致用之学。促进自然和社会的人文化是文化的本质属性。中国传统文化强调儒家文化当中的经世致用的精神，这种精神的价值在于修身、齐家、治国、平天下。

中国传统文化是“传统”与“文化”的结合体。所谓“传统”不仅仅是一种时间层面上的“过去”，正如马克思所说，“亚洲各国不断瓦解、不断重建和经常改朝换代，与此截然相反，亚洲的社会却没有变化。这种社会的基本经济要素的结构，不为政治领域中的风暴所触动。”[①]这说明了亚洲各国的革命尽管风起云涌，但是其并没有对物质生产方式产生根本的变革。中华民族整个发展的历史，始终是以儒家文化为主导的汉民族文化为主要文化形态，其他少数民族尽管在某些时段取得政权上的胜利，但是始终没有在文化层面上对汉文化产生动摇，相反，这些文化本身被汉民族文化所同化，最终成为中国传统文化的一部分。

（二）中国传统文化产生的背景

任何文化的产生与发展都离不开当时所处的社会背景。不同民族所处的不同的地理环境，所从事的形态各异的物质生产，以及所建立的多种多样的社会结构形态，等等，这些共同造成了民族文化的差异性。中国传统文化是在中华大地上孕育产生的，在这片大地上，气候类型以亚热带、温带季风气候为主，以自给自足的自然经济为主体经济形态，社会组织是以血缘为纽带的宗法体制。这些外在的社会背景共同塑造了内在的中国传统文化。

1. 地理环境和条件

俗话说：一方水土养育一方人。一方水土也孕育了一方文化。中国疆域辽阔，由于各地的地理位置、自然条件的差异，人文、经济方面也各有特点。我国在亚洲东部、太平洋西岸。东南及东部面向海洋，东北、北部、西北、西部、西南都与欧亚大陆连接，但被河流、沙漠或高原峻岭所阻隔，所以相对封闭。四周都有

---

① 马克思，恩格斯．马克思恩格斯全集（第 1 卷）[M]．北京：人民出版社，2002．

天然的阻隔是我国地理的一大特点，在交通不发达的古代，相对封闭的环境对我国与其他地区的互通产生了一定的影响。

我国西部的地形特征是高耸的山脉与高原，山路蜿蜒曲折，崎岖不平。尽管汉代在这种不利的环境之下仍开辟了丝绸之路，但是这复杂荒凉的地形，在古代对于绝大多数人来说，都是难以逾越的天然屏障。况且在我国的西南地域又耸立着世界最高的山峰：喜马拉雅山。不仅如此，我国西南地区在古代未经开荒，热带丛林充满了未知因素，这都是阻隔我国与东南亚各国的壁垒。尽管我国北部有辽阔的草原，起伏不大，但是与我国北部接壤的是寒冷的西伯利亚地区，由于气候问题，在古代那几乎是一个无人地带，难以开展对外交流。

尽管我国处于相对封闭的地理位置，但是我国一直在努力探索与其他国家、地区的往来。从古丝绸之路，到今天“一带一路”倡议，正是中国积极促进同其他国家往来的最好证明。

中国自然地理环境对传统文化的影响主要表现在以下两个方面。

第一，多种多样的中国自然地理环境形成了多元一体的中国传统文化格局。中国东部地区的主要特点是，气候湿润、地势低平。西部的主要特点是海拔较高，气候干燥。在这种地形与气候的形态之下，中国古代形成了“东耕西牧”的农业生产格局。同时从南到北温度与湿度呈现递减趋势，因此，秦岭淮河以南的产业结构是以水稻类农业为主，而秦岭淮河以北是以麦子、玉米类作物为主，而长城以北则以游牧业为主。在我国的中原地区，由于地理环境相较于其他地区地理环境比较优越，所以最早产生了文明形态，并逐渐发展。历史上还产生了各民族内聚，多元文化类型融合的趋势，中国传统文化多元一体的格局就是在这种环境下产生的。

第二，中国文化的封闭性大于开放性，这也是由中国的自然地理环境导致的。在自然地理环境上中国边境有天然的山脉、高原所形成天然的阻断，又由于地大物博，资源丰富，因此在中国古代，缺乏对外开放与探索的外在条件与内在动力。古代中国有着发达的农业经济，这促使中国人形成了安土重迁、安分守己、乐天知命的民族性格。中原地区有着相对优越的地理环境，因此中国绝大多数人口都集中于此，所以就造成了中原地区人多地少的局面。在这种情况下，人们只能精耕细作。土地在中国人心中也就有了重要地位，中华民族对土地便有了深厚的感情，因此形成了比较强的民族凝聚力。

2. 经济基础

经济与文化是密不可分，紧紧联系在一起的。几千年来，中国的经济形态主要是以农业为主的自然经济，这种经济也是中国文化源远流长的重要原因。农业对于人类文明而言，尤其是对于人类古代文明是具有决定性意义的生产形态。在古代，农业生产水平与文明程度呈正相关关系。因为在古代只有社会生产的食物产生剩余，从事非生产活动的人才有进行活动的可能，才有机会去从事文学、科学乃至艺术创造。

在七千年前的新石器时期，农业文明就已经在中国出现，发源于黄河流域的仰韶文化、河姆渡文化等便是最好的证明，在这些新石器文化的基础上形成了比较具有特色的“水稻文化”。黄河流域在古代是政治中心、文化中心、经济中心，其与该流域有着比较高水平的农业有着密不可分的关系。在之后随着农业生产的不断向南发展，长江流域也逐渐形成了农业文明。

自给自足的自然经济是中国古代经济的主要形态。农业是中国传统社会的主导经济，同时家庭手工业是重要组成部分，但是其家庭手工业的主要目的也仍然是自给自足而非交换，但是尽管如此少量的交换也是存在的。在中国的春秋战国时期，就出现了一些相对“独立”的商人和小手工业者。秦始皇建立了统一的秦帝国之后，进行一系列统一的举措，比如统一度量衡、货币、文字等。这些举措虽然是本着政治考虑而推行的，但是在客观上也促进了经济的发展，尤其促进了商品经济的发展，比较繁华的都市逐渐形成。到了唐宋时期，商品经济进一步发展，城市的繁荣程度到达另一个层次。明清时期，随着交换行为的进一步增多，商品经济的发展，农业与手工业也进一步实现分离，手工业作坊和工场开始出现，甚至在一些比较繁荣的都市之中，出现了早期资本主义萌芽。但是在中国的传统社会当中，自然经济始终占据着绝对的主导地位，因此商品经济只能作为自然经济的附庸而无法得到十足的发展。此外历代王朝实行的重农抑商政策也是抑制商品经济发展的重要因素。

从某种程度上来说，没有中国的农业经济就没有中国文化，中国文化在农业经济中孕育、发展，以农业生产为主的中国封建社会也扮演着推动中国文化的积极作用。

首先，中国人所具有的一些传统美德，如吃苦耐劳，勤俭持家，以及一些中国人特有的性格，如乐天知命、因循守旧都是在农业生产活动中形成的。“靠天吃饭”代表着在古代，中国人民的生活生产都依附于自然。就连中国传统哲学中所提到的“天人合一”，从根本上来说也是中国人依附自然，主动寻求与自然和谐相处的态度与表现。人的辛勤劳动与自然的“配合”都是从事农业生产必不可少的因素，统治者与平民百姓都渴求风调雨顺，是因为这意味着五谷丰登。倘若发生天旱水灾那么百姓面临的便是颗粒无收、流离失所。在农业社会中，农民处在一种狭小区域中，在这片土地上，农民经历从出生到死亡的一切过程，而他们的一生也就与外界处于隔绝状态。日出而作，日落而息的生产生活方式形成了中国人勤俭持家、吃苦耐劳的传统美德，但是也正因如此使得农民的心理与性格呈现出因循守旧、缺乏开拓、知足常乐的特点。

其次，中国人在从事农业生产的过程中也培养了务实精神。中国农民在农业生产中辛勤劳作，也体悟出了属于被农业滋养的中国人所特有的生活哲学：空话无济于事，实干必有收获。正如章太炎所说的那样：“国民常性，所察在政事日用，所务在工商耕稼，志尽于有生，语绝于无验。”① 中国人的务实精神使中国人很少关注人世之外，他们更愿意把一生的注意力都放在现实生活中。这也与欧洲中世纪爆发宗教狂热的社会基础与精神基础不同。中国人带有农业色彩的务实精神创造了璀璨的传统文化，但是可以说也正是这种精神限制了中国人对于科学探索的热情。

再次，中华民族爱好和平的天性也与农业经济有关。对于农民而言生活范围局限在土地之上，对于自己的生活有着决定性意义，同样对于统治者而言，农民固守在土地与农业生产上，也符合自己的统治要求。农民追求一种相处和谐、互帮互助、相安无事的人际关系，在与少数民族的相处过程中，他们也更希望勿动干戈，和平共处。在古代，中国一直拥有强大的军事力量，但是中国对于军队的观念始终是建立在保卫本土和平的立场之上。中国古代的统治者们修建长城也是以防御作为主要目的。中国的这种军事政策与中亚、西亚等游牧民族的军事入侵等政策形成了比较鲜明的对比。为了取得与中国周边少数民族的和平局面，中原农业民族曾经采取过和亲、会盟等“怀柔政策”。

---

① 章太炎．章太炎政论选集[M]．北京：中华书局，1977.

最后，中国的政治观念也是在农业经济的基础上形成的。古代中国政治的特征是封建专制主义，而这种政治体制的形成也与中国古代发达的农耕经济密切相关。由于中国幅员辽阔，中国封建社会的村落与城镇分布比较分散，商品交换不是很频繁，从而造成了不同地区的农民之间的联系较少，这也从一方面使得农民对于集权产生崇拜心理。在这种背景之下，中国封建社会的集权政体与封建统治思想就得以形成，并且一直延续了数千年。此外，重视农耕与“重民”思想也是在农业经济的前提之下产生的。农业是中国的立国之本，自然农业也是中国政治生活、经济生活的重中之重。历代帝王将相都以农业的兴衰作为封建王朝统治是否稳定的主要依据。也正因如此，农业才被作为农民安居乐业、国家兴旺发展的首要前提。倘若农业主体地位得不到保障，农民的生计无法得到维持，那么一个王朝帝国的衰落也只在顷刻之间。

与西方的政治思想相比，中国的“重民”思想有着鲜明的民族性。中国古代的知识分子以“耕读传家”为人生守则，以“忧国忧民”为己任，他们毕生的信念与任务是规劝统治者妥善处理君民关系，维护社会稳定，使百姓安居乐业。在这种背景之下，中国产生了一系列带有“民本”色彩的思想作为政治统治的思想观念，如“民为邦本”“君舟民水”“民贵君轻”。而民本思想也作为一种重要的中国文化，一直到今天仍然影响着中国社会生活的方方面面。

3. 政治环境

著名法学家、中国政法大学终身教授、博士生导师张晋藩认为，中国古代的国情，如农本主义的经济形态、重宗法伦常的社会关系、集中制的政治制度、独尊儒术的意识形态、稳固的血缘地缘关系等，是形成中国古代国情的各种元素。

重视宗法伦常、集中制的政治制度等特点，是产生中国传统文化的主要社会政治环境因素。宗法制度是古代封建统治的重要制度。这种制度以血缘为纽带，地位的高低贵贱均以血缘的亲属远近为评判准则。宗法制是父系氏族家长制的产物。自然产生的血缘联系，在中国古代政治社会中不断被延伸、强化，最终形成了一种政治制度。血缘宗法制度是一种复杂庞大的制度，但是这种制度的运行又井然有序。在古代，这种制度形成的基础便是普遍存在的社会宗族基础。“宗法制的实质在于族长对整个宗族或成员实行家长式的统治。这一制度绵延数千年不变，从而构成了中国传统社会的一大基本特征。”① 这不仅与国家权力相结合而且与每个宗族成员相联系，是宗法权力制度的显要特征。

宗法制由来已久，其在商代孕育，在西周定型。在这种制度之下，“天子”作为奉天承运的天帝长子，是社会的最高统治者，有着治理天下土地与百姓的使命与权力。天子从宗法观念上来说是天下大宗，从政治结构上来说是天下共主。而天子以世袭的方式传承下去，传承的原则则是嫡长子继承。对于天子的嫡长子以外的儿子，便皆封为诸侯，相对于天子的大宗地位，这些诸侯是“小宗”，这些诸侯在各自的封地又有着“大宗”的地位，他们的继承方式也是嫡长子继承，其他儿子则被封为卿大夫。由此可以看出宗法制的基本内容为：嫡长子继承制、分封制、严格的宗庙祭祀制度等。

秦始皇时期在政治上实现了大一统，建立了统一的封建中央集权统一的多民族国家。秦始皇实行了郡县制，废除了前代一直实行的分封制。社会政治结构由此也实现了空前的统一。血缘宗法制受到了这种社会政治结构的冲击。但是，宗法制并没有完全消失，其中一些基本特征被保留了下来：皇位依然由嫡长子继承，贵族依然采取世袭制，神权、政权、族权、夫权依然紧密联系在一起。这些特征一直影响着中国社会乃至中国传统文化。

第一，中国人有着极其深厚的血缘观念与家族意识。无论哪个社会成员都无法脱离血缘与家族而独立存在，因为中国传统社会的基本结构便是以家庭为单位的。家族的稳定对于整个社会的稳定有着至关重要的作用。统治者也要处理好家族内部成员之间的关系，因为只有这样才能使国家的权力与财产得到有效的继承。而对于被统治的臣民来说，保持日常生产生活活动的正常运行，也必须在以家庭或家族为单位的家长的带领之下，保持成员之间的和睦相处。历朝历代都是在这种模式之下运行的，无论是地位极高的皇族宗室，还是身份低微的平民百姓，都必须遵循这种血缘宗法关系。这种关系也是维护统治及巩固家族的根本。中国人的血缘观念也由此形成。对于中国人而言，“亲族圈”在人际关系之中有着极其重要的地位，甚至血亲关系可以被看作是最重要的关系。在宗法制度的影响之下，传统道德有着深厚的人伦色彩，家族宗法伦理也成为中国传统伦理道德的核心与基础。

---

① 刘建军．论当代中国人文化自信的来源[J]．文化软实力，2016（1）：35—42．

第二，中国文化也处于宗法制度的约束之下，这种约束的表现在于中国人对祖先、族系的崇拜与关注。中国文化中有天、地、君、亲、师五尊，在“五尊”之中，“亲”是最现实的，对于其他“四尊”的理解都可以建立在对“亲”的理解之上。在中国文化的渗透之下，中国最为尊敬祖先、双亲。因此，中国人尤其看重祭祖、“孝亲”等行为。与西方国家或印度等民族不同，中国人信奉的不是所谓的上帝与佛祖。对于“五尊”的供奉从某种意义上来说，就是中国人独有的人生哲学与信仰。在中国古代，佛教传入中国，但是这种外来宗教不仅没有改变中国的宗法制度，反而其本身也受到影响，在中国寺庙建立了一整套法嗣制度和寺院财产继承法规。各个宗派有着如同父子关系的师徒关系，这种关系虽然不像父子关系那样依靠血缘维系，但是也形成了代代相传的传法系统。需要指出的是，在政治与经济权力的继承之上，其完全遵循父系世袭的原则，女性被排斥在继承范围之外。在中国人的观念当中，家族的延续占据决定性地位，正所谓“不孝有三，无后为大”。这种注重宗族延续的观念，也使得中国人的婚姻模式颇具特色，讲究父母之命，媒妁之言。也因此，产生了一系列休妻、纳妾等现象。

第三，族权与政权结合，形成“家国同构”“君父一体”的结构。族权在宣扬纲常名教、执行礼法、维护宗法专制秩序方面，与国家政权的目标一致；统治者也将家族精神作为统驭百姓的手段与方法。每一个人都被融入宗法集体之中，个人经济层面的自由、生活方式的自由，都在宗法集体的约束之中，个人也必须服从宗法集体。中国的传统文化带有鲜明的群体意识色彩。宗法制度对人们之间的紧密关系有促进作用，在宗法制度影响之下，形成的家庭美德也在中国社会中扮演着维护稳定的作用，如尊老爱幼、兄弟相亲、夫妻相敬等。但是宗法观念也在一定程度上对中国人的创新精神产生了抑制作用，因为宗法制度违背了人际关系当中的平等原则，这种以传统道德为核心地位的宗法伦理，反映的是严格的等级尊卑制。传统的家庭使得整个社会完全按照人的等级差别进行运行，社会的等级秩序也逐渐成为一种僵化的、不可改变的模式。

第四，中国人尤其重视传统，这也是在宗法制度影响下形成的。宗法观念强调对祖宗与父母的尊敬，而且也强调尊重祖先与父母所建立的事业，包括他们建立的家训、门风。这种传统逐渐形成了一种“真理”：遵循祖训的便成为孝子贤孙的典范，不遵循祖训的便是不肖子孙的代表。对于尊重传统的观念有积极与消极两方面的影响，这种观念有利于中华民族历史和文化的延续，从消极方面来看，中国人在漫长的历史中形成的厚古薄今，思想保守的思维习惯，也是在遵循传统观念之下形成的。中国人缺乏一定的进取精神与创新意识也同样与其相关。

总而言之，在政治、经济、法律、文化诸多领域，都有以血缘为纽带的宗法观念，中国传统社会的一个基本特征便是宗法色彩。这种宗法色彩融进了中国传统文化的灵魂之中。

（三）中国传统文化的类型

半封闭的大陆型地域、农业经济格局、宗法与专制的社会组织结构相互影响和制约，形成了一个稳定的生存系统，与这个系统相适应，孕育了伦理类型的中国传统文化。如果说“智”是西方文化的鲜明特征，那么“德”便是中国文化的核心内涵。中国人的“德”出自天地，中国人尤其注重人与自然的和谐统一，中国人寻求的一种最高状态便是“天人合一”。人与天地自然可以“合其德”。“天地有德”是中国传统文化的伦理类型，中国人所崇尚的“德”从根源上讲，是由于中国古代社会宗法体系的长期存在而形成的。

中国文明社会是在血缘纽带解体并不充分的情况下进入的。也由此形成了中国人的宗法体系，这与世界上其他国家有着显著差异。中国人有强烈的血亲意识，有“六亲”“九族”之说。这些观念也成为中国人社会意识的轴心。历代统治对这些意识与观念进行加工与改造，有的成为国家统治的法律，不孝作为首恶成为犯罪的类型，而有的则内化为伦理道德，成为一种行为规范与准则，对人们的思想与言行起着制约作用。

在中国古代道德伦理学说与知识论并没有明确地区分开来。做学问的目的在于求“真”求“善”。所谓求“真”是探索宇宙万物的规律与奥秘，而求“善”则是为了实现自己的道德觉悟。伦理道德学说获得长足的发展，并且许多其他学科将伦理道德学作为自己的前提与归宿，而分析哲学与自然科学却难以得到充分的发展。政治学成为道德评判，政事被归结为善恶之别、正邪之争、君子小人之辨；文学强调教化功能，成为“载道”的工具；史学往往以“寓褒贬，别善恶”为宗旨；教育更以德育居首，知识的传授倒退居其次；至于哲学，往往与伦理学相混，主要是一种道德哲学。其中儒学尤其突出，梁启超就认为：“儒家舍人生哲学外无学问，舍人格主义外无人生哲学。”[①]

伦理型文化的作用与影响。正面影响：强调道德面前人人平等，“人皆可以为尧舜”；对包括君王在内的统治者也可以形成道德制约和严格要求，人格评判式的道德制约在缺乏分权制的古代中国，所发挥的社会调节功能不可低估；在特定历史条件下，还能鼓舞人们自觉维护正义，忠于国家民族，抵御外来侵略，保持高风亮节。负面影响：将伦理关系凝固化、绝对化，以致在某种程度上成为人身压迫的理论之源。

五、中国优秀传统文化

中国传统文化中既有精华也有糟粕，糟粕应当被剔除与改造，而精华应当被保留与发扬。中华优秀的传统文化便是其中的精华部分，它可以启发人们认识世界与改造世界；中华优秀的传统文化对于治国理政有重要的启示作用；它对于道德建设也有着重要意义，有利于发展人们的哲学思想、人文精神与道德理念等。

（一）凝聚中华民族精神力量

一个国家的强大，不仅体现在经济上的欣欣向荣，传统文化所取得的累累硕果也是很好的证明，这在中国的历史长河中体现得十分清晰。汉代董仲舒奠定了儒学在传统文化中的正统与主体地位。传统文化在唐朝又实现了新的、盛大的发展。宋明理学的出现奠定了儒学思想新的纪元，随后以王阳明为代表的心学登上历史舞台。在整个发展过程中，中华优秀的传统文化对于中华儿女而言是一种重要的理性支持，起着维系情感，团结彼此的作用。中华优秀传统文化中蕴含着的爱国主义、爱好和平的民族精神，在促进国家的繁荣与稳定中发挥着重要的积极作用。

中华优秀的传统文化蕴含着深厚的奋斗精神与改革精神，这些精神不仅支持着中华民族与时俱进与自强不息，也为民族团结提供了源源不断的精神动力。积极“入世”是中国优秀传统文化所倡导的价值，这种观念倡导人们关注眼前的现实生活，对于社会运行的问题要积极解决，并通过自己的方式积极推动国家变革。这就要求中国人培养进取精神，树立“危机”意识。“天下兴亡，匹夫有责”的

---

① 梁启超．先秦政治思想史[M]．长沙：岳麓书社，2010．

国家责任感与无私奉献精神，是进取精神与“实干兴邦”的报国品质的生动写照。正是这些精神激励着中华儿女，在数千年的历史变革与风雪洗礼中不断前行。

（二）塑造中华民族优秀品格

几千年以来，中华优秀的传统文化不断经历着实践的检验，在这个过程中，塑造了中华儿女的价值观念与思想体系。正是这些思想观念在个人的实践中提供了精神指引。“弘扬优秀传统文化的精神，继承传统文化的光荣血脉，能够在新的时代背景下铸就中华民族刚毅不屈的民族气节，塑造中华民族的优秀品格。”① 道德修养与精神品质是一种重要根基，体现着一个人的精神特质，对人的发展起着决定性作用。对于一个人的成长与发展而言，思想素养的培育与个人独立品质的建立是关键因素。中华文化对行为主体的道德修养培育相当注重。在中国古代，伟大的哲学家们不断思考道德修养的实现途径，在实现自己理想的过程中，他们把完善个人精神品格看作一切的前提，作为自己安身立命的基础。这些思想家也提倡人们修养心性，不断完善自己的品质与人格，从而为实现人生理想提供精神力量。

（三）共筑中华民族精神家园

国家与民族的价值标准引导着社会风气的形成，中华优秀传统文化是中国人的精神养分，支撑着中华儿女砥砺前行。同时，中华优秀的传统文化是中国人思想的驿站，是随时能够进入的精神家园。“以和为贵、和而不同”“天下为公、世界大同”是中华优秀传统文化所提倡的“尚和”思想，也在这种思想的渗透之下，中国人无比崇尚和谐的价值观，无论是人与人的和谐还是人与自然的和谐，都普遍地被中华儿女所认同，以至于形成了整个中华民族的处世哲学。另外中华优秀传统文化中有许多仁爱理念，如“身教为要、孝老爱亲”“兼爱”，这些理念对于构建中国人的精神世界有着重要的意义与价值。

社会主义道德建设也对优秀传统文化的传承提出了新的要求。我国自改革开放以来，已经历了四十多年的风风雨雨，同样也积累了四十多年的宝贵经验。在经济与社会的发展过程中，如何警惕道德沦丧与价值观危机是一项重要的课题，因此加强道德建设有着重大的意义。我国建立的道德体系是社会主义的道德体系，

---

① 王宣文．延续中华优秀传统文化的根基与血脉[J]．社会主义论坛，2017（8）：84—92.

它以优秀的传统文化为养分，在优秀传统文化的根基之上不断生长。例如，儒家思想注重个人的气节与品格，强调通过提升自己的个人修养实现和谐人际关系的目的，这与我国当下建设中国特色社会主义的目标是一致的、吻合的。

第二节　中华优秀传统文化主体研究

一、中华优秀传统文化的创造主体

（一）中国炎黄五帝文化的出现

关于中华先民是否就是太古民族，最具代表性的说法是中华先民分为三大部落集团：一是西北的华夏集团，包括炎帝、黄帝等族，最初在渭河流域活动，后沿黄河两岸向东发展，达到今山西、河南、河北一带；二是东方的东夷集团，包括太昊、少昊和蚩尤等族，最初在今山东省南部活动，后来向四周发展，北到今山东省北部和今河南省南部，西到今河南省东部，南到今安徽省中部，东到大海，蚩尤和黄帝曾在涿鹿之野（今河北）打过仗，战事历时长久，战况激烈，最终以黄帝取胜结束，但蚩尤也被作为战神崇拜；三是南方的苗蛮集团，包括三苗、伏羲、女娲等族，生活在今湖南、湖北、江西一带。

（二）中国华夏民族文化的形成

在秦统一中国以前的约两千年时间中，中国历史进入了华夏与诸夷出现分野的时期，并通过各种形式相互作用又重新组合的历史阶段。

1．华夏与“四夷”文化的演变

（1）华夏族的演变

华夏族来源于夏、商、周，是汉族的前身。夏朝主要的活动中心是山西南部和河南西部，地处中部，这便是中国的由来。在最初的时候，商人在东方，西部则是周人兴起的地方，商人与周人都臣属于夏人。随着历史的发展，商人与周人对夏人文化的认同，最终消弭了三者之间的界限，将其统称为夏人。最初夏人的活动范围在华山附近，所以才有了“华夏”民族的由来。

（2）“四夷”及其演变

“四夷”最早是华夏民族对在本民族周边生活民族的称呼，但是“四夷”是一个不断变换的概念，后来在公元22世纪左右，一些在黄河中下游活动的农耕部落，组成了部落联盟，这个联盟经历了夏、商、周三代之后，“华夏族”的概念逐渐形成。发展到东周时期，华夏民族不仅建立了农耕文明而且还制定了相对健全的礼乐制度。逐渐意识到了周边粗犷的游猎民族与本民族的差异，形成一种文化与经济上的优越感，逐渐开始将自己民族与其他民族加以区分，将其统称为“蛮夷”或并称为“四夷”。具体而言，按东、西、南、北方位顺序分别称为东夷、西戎、南蛮、北胡。“华夏”与“四夷”不仅是种族方面的划分，更是文明之间的差异。但是随着历史的发展与社会的进步，这种区分呈现出动态变化的趋势，经过长达数百上千年的民族融合，“四夷”也在不断向“华夏”单向融入。

2．华夏与“四夷”文化的整合

（1）商周及春秋时期的夷夏之争简况

从以上所述可以看出，早在商周时期，“四夷华夏”之事就不断出现。至西周中晚期，“四夷”各族不断侵扰周室，以至于西周最后被犬戎攻破，导致王室东迁。春秋时期，夏夷之争更加激烈，周边诸夷纷纷进逼诸夏。面对这种形势，一些逐渐强大的诸侯国便打出“尊王攘夷”的旗帜，团结诸夏，抵御戎狄。

（2）战国时期的夷夏整合

战国时期，华夏文化被各地居民普遍认同为主体文化，原来被视为戎蛮的秦楚两国与三晋（公元前403年，晋分成韩、赵、魏）、燕、齐并列为七雄，同称中国与华夏。在这一历史条件下，春秋以来进入中原的戎狄各族以及居住在各大国周围的戎狄小国，纷纷被大国兼并或同化。

于是，在诸夏大国的基础上，涌现出一批诸夏与诸夷融合的区域中心，如秦向西方和西南发展，形成诸夏与西戎、羌、西南夷各族的融合中心；燕、赵向北方和东北方发展，形成诸夏与匈奴、东胡、林胡的融合中心；齐向东南沿海地带发展，形成诸夏与东夷、徐夷、淮夷等族的融合中心；楚向南发展，形成诸夏与百越、西南夷等族的融合中心。

至此，在夏、商、周三代传统文化的熏陶下，先后进入黄河中下游和长江中下游地带的诸夏与东夷、南蛮、西戎、北狄各族经过长期的相互影响和重新整合，终于形成了中华民族多元一体的格局。

（三）中国传统文化创造主体的发展

1．秦汉统一的文化

我们常说“秦统一中国”，实则秦统一的区域只是农耕区域，其在中华民族的生存空间中只占一小部分，即在三级地形中只占海拔最低的一级，而并非全部。几乎在秦汉统一的同时，秦汉建立起统一的帝国，与此同时，匈奴也在长城以北建立了民族游牧汗国，两大政权形成对峙的局面，这也是在中国历史上第一次出现。汉武帝统治时期，汉王朝与匈奴展开战争，这是农耕文明与游牧文明的军事、政治对抗，最终匈奴被迫分裂。在东汉时期，与匈奴的战争再次取代决定意义的胜利，但是鲜卑汗国也在这个时期建立，而建立者正是东胡人的后裔鲜卑人。

2．魏晋南北朝大融合文化

总括该时期，可谓战争连绵。许多周边民族纷纷入主中原，在黄河流域及四川盆地建立起许多区域性政权，史称“五胡十六国”。

中原地区涌进了大量的非汉族人口，这些少数民族相继建立了自己政权，由于农耕文明是先进与强势民族的象征，在这个时期便出现了规模庞大的民族大融合运动，该运动在历史上也产生了深远的意义。后来，鲜卑人在十六国之后建立了北魏王朝，该王朝与东晋南朝形成对峙的局面。北魏王朝是一个政治上空前统一的政权。北魏没有选择以自己的文化作为统治的基础，而是将政治、文化、经济都建立在中原传统礼制之上。不仅如此，北魏王朝大力推行汉化政策，民族大融合运动也因此走向了高潮。

3．唐朝的民族繁荣文化

唐朝时期，由于周边诸多民族对中国传统文化的深切认同以及在唐朝进步的民族政策的作用下，纷纷臣属中原王朝。雄才大略的唐太宗曾被各族拥戴为“天可汗”。通过周边诸族的中介作用，唐朝把辉煌灿烂的中国传统文化源源不断地传播到欧亚大陆各地，唐朝的首都长安更是当时世界上最为繁华的国际性大都市。

4．五代十国、两宋之间的南北对立

唐亡以后，中国再度分裂，出现了五代十国、两宋之间南北对立的局面，中华民族多元一体的发展格局概念从此有了新的变更和新的内涵。一方面，由于辽、金、夏三个北方帝国均将中华传统礼制作为基本的建国方略和根本的治国指导思想，使得中国传统文化的渗透得到极大的扩展与深化。另一方面，由于南北文化差异的日渐缩小和北族南迁趋势的日益增强，中国南北之间的长城界限开始逐渐消失，辽朝疆域跨越长城南北，及至金朝立国，其南部疆域已至淮河。

5．元、明朝农耕、游牧民族融合文化

公元13世纪初，在北方草原上出现了强大的蒙古汗国，其迅速席卷了大半个欧亚大陆，在此基础上，按中原传统礼制创建了包括中国全部版图的大元帝国，并通过推行行省制等制度，有力地促进了各民族的大融合。

明朝建立后，蒙古汗国退居北方大漠草原，中国南北大一统的局面一度出现反复。但长期以来，民族杂居、文化融合的既定成果和发展趋势却无法改变。虽然明初政府下令恢复“唐代衣冠”，禁止着胡服、说胡语、冠胡姓，但收效甚微。

6．清朝建立，中华民族天下一统文化

17世纪中叶，崛起于白山黑水一带的满族，联合大漠草原上的蒙古汗国，南下入关，建立清朝。继元朝之后，清朝重新实现了中国版图全境各民族的统一。康熙以后，随着避暑山庄的出现以及政治、文化作用的发挥，数千年阻隔中国南北的长城界限奇迹般地消失了，中华民族真正地实现了南北混一、天下一统。近代以来，随着抵抗侵略，中华民族这个有着数千年发展历史的自在实体，逐渐变成自觉的统一民族实体而不可再分。

二、中华优秀传统文化的主体

（一）儒家文化

1．儒家文化概述

在人类历史上，以儒家文化为基础的中华文明是唯一没有中断过的古代文明。儒家文化伴随着中华文明经历了两千多年的发展，在西汉武帝时期，就已经取得官方正统思想的地位，成为中国文化的主流。在其后的历史进程中，儒学发展虽然也经历了起落坎坷，但其内在的强大生命力始终没有减弱和停息过。修齐治平的积极进取精神、仁政爱民的民本思想、天人合一的和谐意识、仁义礼智的道德准则等学说观念已经深入人心，对整个中华民族的民族性格和民族精神的形成产生了巨大而深远的影响。

2. 儒家文化的发展历程

儒家文化是指以儒家思想为指导的文化流派。儒家思想从狭义上讲是指孔子和孟子思想，从广义而言则指源远流长的儒家学派思想。儒家宗师孔子，倡导“仁”“礼”，主张“内圣”“外王”，以《易》《诗》《书》《礼》《春秋》为经典，重视道德伦理教育和自我修养。自汉武帝“罢黜百家，独尊儒术”后，儒家学说虽然几经变化，但礼教德治的核心精神却始终如一，成为中国封建文化的主体和传统文化的正宗。

儒家思想发端于远古。先民对自然的敬畏、对祖宗神灵的崇拜孕育了“天命”“仁德”“天人合一”等思想，殷周礼教则为儒家学派提供了立论依据与基础。据《汉书・艺文志》记载：“儒家者流，盖出于司徒之官，助人君顺阴阳，明教化者也。游文于六经之中，留意于仁义之际。祖述尧舜，宪章文武，宗师仲尼，以重其言，于道最为高。”司徒掌管王室建筑及典籍制度，是早期的“儒”。他们也负责司仪冠婚丧祭，通常都精通当地的风俗文化、礼仪习惯，所以又被称为术士，属于早期的知识分子阶层。

真正的儒家文化发端于春秋战国时期，标志是孔子创立儒家学派。此时的中国正面临一场空前变革，社会形态正由奴隶社会向封建社会转变，政治制度由礼制社会向法治社会转变，政治形势由分裂割据向统一集权过渡。面对这一现状，孔子提出“礼”和“仁”的主张。“礼”是对古代诗书礼乐传统的继承，“仁”是个人道德修养的最高境界。“仁”为体而“礼”为用，相为表里，构成孔子思想的核心内涵。孔子殁后，儒分为八，“有子张之儒，有子思之儒，有颜氏之儒，有孟氏之儒，有漆雕氏之儒，有仲良之儒，有孙氏之儒，有乐正氏之儒”。① 其中对后世影响最大的有颜氏之儒、思孟之儒和孙氏之儒。

“颜氏之儒”的代表为孔子弟子颜回。“思孟之儒”的代表为子思和孟子。“孙氏之儒”的代表为荀子。战国时期，孟子发展了孔子的学说，政治上主张施行仁政，并提出“民贵君轻”的思想，他还主张性本善，认为人生下来就具有善性，善性是人所固有的道德品质。孟子在我国封建社会被统治者尊为“亚圣”，对我国传统文化影响至深。荀子继承并发展了孔子的“礼学”，倡言礼法兼治；相对于孟子性善论，提出性恶说，强调后天学习的重要性。

① 韩非．韩非子[M]．济南：山东画报出版社，2013．

汉武帝时期，董仲舒以儒学为基础，与谶纬相结合，以阴阳五行为框架，兼采诸子百家，建立起新儒学。新儒学的核心是“天人感应”“君权神授”，即认为天和人息息相关，皇帝要依照天意办事。董仲舒还认为应当建立太学（即大学）等学校，用儒家经典作为教育内容；要用儒家思想统治天下，其他学说都要禁止。汉武帝采纳了这一建议，“罢黜百家，独尊儒术”，儒学成为受官方支持而为尊的御用之学，儒家文化思想成为中国封建社会的官方正统思想。

魏晋时期出现了以老庄思想解释儒家的玄学，是儒家文化与道家文化的一次合流。东汉末年，中央集权制度分崩离析，经学研究严重脱离现实，儒学正统逐渐衰微，士大夫阶层的学术兴趣由皓首穷经转向对“本末有无”等问题的形而上的哲理思辨。玄学以《易经》《老子》《庄子》为典籍进行研究解说与阐释，代表人物有何晏、王弼、郭象等。王弼用以老解儒的方法为《易经》和《论语》作注，调和儒道。郭象提出“名教即自然”，认为儒家的名教和道家的自然是一致的。玄学援道入儒的研究方式，使儒家文化摆脱了汉代儒学烦琐迂腐、神秘怪诞的内在缺陷，开启了中国文化儒、道互补之风。东晋后玄学又呈现出与佛教的合流，成为儒、释、道三家碰撞交织的先河。儒家文化与道家文化、佛教文化开始了彼此交织、对抗、融合的局面。

由于统治者的倡导，唐代道家文化、佛教文化各自出现繁荣局面，儒家文化的发展则主要呈现累积、沉淀的特点。孔颖达编订《五经正义》，整理儒家经典典籍，兼容各家学说，重振儒家经典的学术地位。“九经”开始立于学官，并用于取士，大大提高了知识分子研读和传承儒家文化的积极性。唐朝中期的韩愈从维护封建统治出发，提出“道统”说，大力推崇孟子，倡导心性，用儒家的天命论和封建纲常来反对佛、道的观点。

理学是以儒家思想为基础，吸收佛教和道教思想形成的新儒学，是宋代主要的哲学思想。这一时期儒学的主要特点是援引佛道哲学思想，高扬内圣的经世学风，主张穷理灭欲、重建礼制的道德思想。以宋明理学为代表的新的儒家文化恢复其正统地位，并雄踞中国思想论坛六百多年。宋明理学的创始人为周敦颐，学说奠基者为程颖和程颐，集大成者则是南宋哲学家朱熹。朱熹继承了程颖、程颐的思想，后人称之为程朱理学。他以思孟学派为主，吸取佛、道思想，进一步完善和发展了客观唯心主义的理学体系，成为继孔子之后，对中国封建社会影响最为深远的儒学家、哲学家。

程朱理学后来分化为两大流派，一是继承朱熹学说的理学派；另一个是以宋代陆九渊和明代王守仁为代表的心学派。其中，王守仁反对朱熹把心与理视为两种事物的观点，创立与朱熹相对立的主观唯心主义理论——心学。

清代儒学是中国古代传统儒学发展演变的重要阶段。顾炎武、黄宗羲、王夫之等清初启蒙学者注意批判封建专制的腐朽弊端，总结宋明理学尤其是空谈心性学风的危害，积极倡导社会变革，发扬儒学经世致用传统。乾嘉古文经学以训诂考证的治经方法，致力于儒家经典字句义理的训解和诠释。今文经学则着重阐发春秋公羊学的微言大义，恢复了通经致用、明道救世的儒学传统，推动了社会思想的进步发展。

近代西方文明输入中国以后，中西文明相互碰撞、交融，梁漱溟、张君劢、熊十力等人力图在现代中国恢复儒家思想的主导地位，重建儒家的价值系统，并以此为基础来吸纳、融合、会通西学，由此产生了新的儒家学派。

儒家文化的发展贯穿了中华文明的历史，无论哪一阶段，其核心精神一直保持不变，即“格物、致知、诚意、正心、修身、齐家、治国、平天下”，也就是究天人之际，明修身之道，述治国方略，要求人们从哲学的高度认识宇宙，以伦理准则规范人生，并落实到治国、平天下，最终实现天人和谐的最高境界。

（二）墨家文化

先秦时期，墨家与儒家同被称为“显学”，秦统一之后，墨学转为衰败，汉武帝独尊儒术之后，墨学渐成“绝学”。清中叶以后，墨学著作才又被学术界重视研究。

墨子名翟，鲁国人。生卒年不可确考，据文献推断，大约略后于孔子而先于孟子。相传墨子早年受过儒家教育，后来抛弃儒学，创立墨家学派。《淮南子·要略》云：“墨子学儒者之业，受孔子之术，以为其礼烦扰而不悦，厚葬靡财而贫民，久服伤生而害事，故背周道而用夏政。”①

墨子据说曾当过制作器具的工匠，自比“贱人”。其门徒也多来自社会下层，墨子言论往往反映“农与工肆之一”的利益。墨子和他的门徒，结成严密团体，

---

① 刘安．淮南子[M]．郑州：中州古籍出版社，2010．

纪律严格，过着刻苦朴素的生活。他们“量腹而食，度身而衣”，“多以裘褐（粗衣）为衣，以跂蹻（履与草鞋）为服（用），日夜不休，以自苦为极，曰：‘不能如此，非禹之道也，不足谓墨。’”《淮南子，泰族训》云：“墨子服役者百八十人，皆可使赴火蹈刃，死不还踵。”① 墨子死后，这个团体的领袖称为“钜子”，对于所有成员具有决定生死的权威。

冯友兰的《中国哲学简史》认为“墨子及其门徒出身于侠”。他说：“可是，墨子及其门徒，与普通的游侠有两点不同：第一点，普通的游侠只要得到酬谢，或是受到封建主的恩惠，那不论什么仗他们都打；墨子及其门徒则不然，他们强烈反对侵略战争，所以他们只愿意参加严格限于自卫的战争；第二点，普通的游侠只限于信守职业道德的条规，无所发挥；可是墨子却详细阐明了这种职业道德，论证它是合理的，正当的，这样，墨子的社会背景虽然是侠，却同时成为一个新学派的创建人。”②

研究墨子思想，主要资料是《墨子》一书，现存五十三篇，大部分是墨子弟子或再传弟子对墨子言行的辑录。其中《经》上下、《经说》上下、《大取》《小取》六篇是后期墨家著作；《亲士》《修身》《所染》诸篇则是后人伪作，不能代表墨家思想。《经》中有关于几何学、光学、力学方面的知识，颇有价值。

墨家的基本理论，主要包括兼爱与非攻、尚贤与尚同两个大方向。

（三）法家文化

法家是在战国时期产生和发展的以法治为思想核心的一个学派，它是诸子百家中的一家。

一般说来，法家以尚法明刑为主，《汉书·艺文志》说“法家出于理官”，理官是古代的法官。《玉篇·玉部》说：“理，治狱官也。”《礼记·月令》：“命理瞻伤，察创，视析。”东汉经学大师郑玄注“理”字时说：“理，治狱官也。”并指出这种治狱之官在夏代叫大理，周代称为大司寇。由此看来，法家是从周之大司寇演变而来的。

国学大师章太炎在《检论原法》中对什么叫法家有一个简明的表述，他说：

① 刘安．淮南子[M]．郑州：中州古籍出版社，2010．

② 冯友兰．中国哲学简史[M]．北京：北京大学出版社，1996．

"著书定律为法家。"[①] 以此来衡量战国的法家，应该说是符合实际的。李悝著《法经》六篇，并在魏国首先进行变法活动。吴起也在楚国进行变法活动，虽然不了解具体的内容，但史书上说他"明法审令"。商鞅、申不害、慎到分别是法家中的重法、重术、重势派，商鞅既著书又定律，申不害、慎到都留下了有关法家思想的著作，并且申、商两人也是早期变法运动的领导者。李斯是秦王朝建立过程中"以法为教、以吏为师"政策的实际制定者与执行者，他协助秦始皇建立了专制中央集权制，可以说是法家思想的实践者。

既然以"著书定律为法家"，可是这一表述实在过于简单，就我们所认为的法家来看，是千差万别、具有不同个性特征的，其行为与思想并不完全相同。由于法家以韩非为集大成者，韩非在诸子中出现得最晚，所以关于法家的特征，到汉代论述颇多。例如，班固在《汉书·艺文志》中说，法家"信赏必罚，以辅礼制"，这是法家之所长，但"无教化，去仁爱，专任刑法而欲以致治，至于伤害至亲，伤恩薄厚"。由此可见，法家的特征是明刑尚法，信赏必罚，尊主卑臣，毁弃仁恩。就先秦法家来看，即便在某一点上或有所不同，但只要是法家，无不具有这些基本特征，可以说无一例外。

要理解法家的这一基本特征，必须结合其形成和发展的时代背景来分析，法家顺应了宗法封建制的瓦解，即所谓礼崩乐坏，从而去建构新的社会政治秩序的时代要求而产生的。苏子和周王朝的式微，诸侯如何才能在相互抗争中立于不败之地。在此背景下，法家代表人物在国君的支持下相继进行变法，希冀通过变法达到富国强兵的目的，并从理论上来说明其意义，这就是法家学派。

（四）其他文化

1. 兵家文化

兵家是指先秦以及秦汉之初研究军事理论和从事军事活动的学派。与其他诸子百家的学术重点不同，兵家注重强军之法、用兵之道而不在于治国之策。据《汉书·艺文志》记载，兵家又分为兵权谋家、兵形势家、兵阴阳家和兵技巧家四类。其代表人物有春秋时的孙武、司马穰苴，战国时的孙膑、吴起、尉缭，汉初张良、韩信等，著作有《孙子兵法》《孙膑兵法》《吴子》《六韬》《尉缭子》等。兵家的

① 章炳麟．检论[M]．上海：上海人民出版社，2014．

军事理论对后世影响甚大，是我国古代宝贵的军事思想遗产。

孙子，名武，字长卿，生卒年不可考，约出生于公元前535年左右，春秋时期齐国乐安（今山东广饶）人，军事家，后人尊称为“兵圣”。其曾祖、祖父均为齐国名将。孙武自幼喜研兵法，18岁时，因齐国内乱不止，深感无用武之地，便离开齐国去往吴国。孙武以所著兵书13篇见吴王，吴王看后赞不绝口。后被任命为将军，与伍子胥共同辅佐吴王。

孙武著有《孙子兵法》，全书13篇，共5 000余字。《计篇》讲的是庙算，即出兵前在庙堂上比较敌我的各种条件，估算战事胜负的可能性，并制定作战计划，是全书的纲领。《作战篇》主要是庙算后的战争动员。《谋攻篇》是以智谋攻城，即不专用武力，而是采用各种手段使守敌投降。《形篇》《势篇》讲的是决定战争胜负的两种基本因素。《虚实篇》讲的是如何通过分散集结、包围迂回，造成预定会战地点上的我强敌劣，最后以多胜少。《军争篇》讲的是如何“以迂为直”“以患为利”，夺取会战的先机之利。《九变篇》讲的是如何根据不同情况采取不同的战略战术。《行军篇》讲的是如何在行军中宿营和观察敌情。《地形篇》讲的是6种不同的作战地形及相应的战术要求。《九地篇》讲的是9种作战环境及相应的战术要求。《火攻篇》讲的是以火助攻。《用间篇》讲的是5种间谍的配合使用。后代很多军事将领用兵都受到了该书的影响，尊奉它为“兵经”“百世谈兵之祖”。

孙膑，战国时军事家，齐国阿（今山东阳谷）人。孙武后代。传说与庞涓同在鬼谷子门下学习兵法。后庞涓为魏惠王将军，嫉妒孙膑之才而将他骗至魏国，处以膑刑（去膝盖骨），故称孙膑。后经齐国使者秘密接回，被齐威王任为军师。马陵之战，身居辎车，计杀庞涓，大败魏军。著作有《孙膑兵法》，此书久已失传，甚至在相当长的历史时期内，人们或怀疑孙膑的真实存在，或认为孙武、孙膑为同一人。1972年在山东临沂银雀山汉墓分别出土了竹简《孙子兵法》残简12篇和《孙膑兵法》16篇，共11 000余字，才解开了这一历史之谜。

《孙膑兵法》在继承孙、吴军事思想的基础上，又有了新的发展。首先，阐述了战争是政治斗争工具的战争观，认为战争是先王的传布“道”，即政治的工具，战胜固然可以“存亡国，继绝世”，而一旦战败，则会“削地而危社稷”，所以对待战争“不可不察”，要慎之又慎，进行战争一定要合乎“义”。

其次，发展了孙武“任势”的军事理论，明确提出了“因势而利导之”的作战原则。势是战争态势，是敌我双方军事实力的布局。在应对“敌众我寡，敌强我弱”的战争态势时，孙膑提出要“让威”。即避开敌人锋芒，隐蔽好后续部队，以便使我军能随时转移，等待敌人攻击能力下降，再行反击。这也是充分利用敌我双方的条件，造成有利于我的态势，以扭转敌众我寡的不利形势。

最后，孙膑指出了人在战争中的重要作用。他在《月战》篇中说“间于天地之间，莫贵于人”，提出决定战争胜负的三要素是天时、地利、人和，“天时、地利、人和三者不得，虽胜有殃”。[1] 所谓“人和”就是得众、得人心。“得众者，胜”“不得众者，不胜”。孙膑的这种以人为贵的军事思想，是战国时代人文思想在军事学理论方面的重要表现。

《孙膑兵法》是战国时期战争实践的理论总结，他继承了前辈军事家的优秀成果，又对这些成果进行了发挥创造，其在我国的军事思想史上占有重要地位。

2．纵横家文化

纵横家是指春秋战国时期以纵横捭阖之策游说诸侯，从事政治、外交活动的谋士。“纵”指合纵，即战国时齐、楚、燕、韩、赵、魏等六国联合抗秦的外交策略；“横”指连横，即以上六国分别与秦国结盟的外交策略。“纵”与“横”的来历据说是战国时南与北合为纵，西与东连为横。六国结盟为南北向的联合，故称“合纵”；六国分别与秦国结盟为东西向的联合，故称“连横”。苏秦力主六国合纵以拒秦，张仪则力破合纵，连横六国分别事秦，纵横家由此得名。他们的活动对战国时期政治、军事格局的变化有着重要的影响。

张仪（?—前 309 年），魏国大梁（今河南开封）人，魏国贵族后裔，曾随鬼谷子学习纵横之术。其主要活动应在苏秦之前，是战国时期著名的政治家、外交家和谋略家。魏惠王时入秦，秦惠文王以为客卿，后为秦相。主张“连横”策略，为后来秦国灭六国、统一天下奠定了基础。《汉书 · 艺文志》纵横家类有《张子》十篇，汇集了张仪的作品或与他有关的材料，今已亡佚。

苏秦（前 337—前 284 年），字季子，战国时东周洛阳（今河南洛阳）人，出生于农家，家境贫苦，师从鬼谷子学习纵横之术。学成后游说秦国，秦国应用张仪的连横之术，因而苏秦入秦后不被启用，回家后发愤闭门苦读，终有所成。关于苏秦苦读，有“锥刺股”典故流传于世。苏秦再次出游，放弃秦国，转而游说

① （战国）孙膑．孙膑兵法 [M]．曹冈，译．呼和浩特：内蒙古人民出版社，2006.

六国合纵御秦，受到重用，身佩六国相印，进军秦国。后来由于六国内部原因，合纵瓦解。著作有《苏子》31 篇，今佚。

第三节　中华优秀传统文化传承的意义

一、坚定文化自信的重要基础

文化自信建立在对历史文化一脉相承性的理解之上。这就要求对本民族的历史文化与风俗习惯绝对地尊重，选择符合本民族生活与发展的方式，坚守中国立场与中华民族的精神家园。对传统文化的深刻体悟与认同影响着坚固的文化底气与文化自信的构建。对于大搞“历史虚伪主义”，全盘否定传统文化的行为要坚决地抵制，传承优秀的传统文化是中国人民团结与奋斗的思想根基与前提。

在 20 世纪 80 年代，兴起了文化大讨论，国学潮在 20 世纪 90 年代产生积极影响。进入 21 世纪以来，人们重新重视传统文化，一扫往日对传统文化自卑的阴霾，开始对其进行理性分析和客观评价，在传统文化与现代化的关系上大致形成了一个共识，即传统文化对于现代化有促进和推动作用，他们之间并不是矛盾的关系，在当前应该大力弘扬优秀传统文化，并使其和马克思主义相适应，和社会主义先进文化建设相适应。

从历史文化中了解中国，能够看到中华文明的传承与精髓所在，能够了解中华民族的形成、发展路径，更能够触摸到民族的精神根基与共同记忆。当下的中国绝不是于时间中而孤立存在的，它是中华民族的延续，增强文化自信需要历史的根基，要更深刻更全面地把握中国的历史与文化，只有这样才能更好地明晰今后的发展道路，并从优秀的传统文化中汲取营养，为当下文化自信的建设与发展注入新的活力。

科学地对待传统文化，为我们找到了传统文化与现代文化结合的方式，也为我们树立文化自信、坚定文化自信奠定了基础。可以说，弘扬优秀的传统文化，是我们坚定文化自信的核心，只有将我们优秀的价值信仰、道德审美体系充分发扬，才有可能在文化竞争的格局中做到不被外界迷惑，始终坚守并深刻体认自己的文化价值观，并以一种平等、豁达、自豪的心态积极参与到全球的文明对话当中。

二、强化民族认同的重要法宝

民族认同感，是民族成员对自己民族产生的认可和赞同的情感。这一情感既包括对自己民族身份的认可，即对“我属于这个民族”的认可；也包括对自己民族身份的赞同，即对“身为这个民族成员很光荣”的赞同。“认可”与“赞同”的情感相互强化，共同组成民族认同感，成为民族产生凝聚力的情感基础。这个基础牢固，民族凝聚力就强大；反之，民族凝聚力就弱小。能够强化民族认同的因素有很多，民族的传统文化无疑是其中最重要的因素。当今中国，着眼实现中华民族伟大复兴的宏伟目标，更应该强化全体中华儿女的民族身份认同，形成同心同向的民族凝聚力。中华优秀传统文化是包括海外华人华侨在内的所有中华儿女的共同精神家园，传承和弘扬中华优秀传统文化，就是对我们民族文化标识的反复强调和不断确认，就是对中华儿女民族身份的反复强调和不断确认，意义重大而任重道远。

中国文化博大精深，是世界文化大花园中一朵盛开的奇葩。以爱国主义为核心的团结统一、爱好和平、勤劳勇敢、自强不息是中华民族的伟大民族精神，中华儿女对于祖国深切的归属感也由此而来。中华优秀传统文化是融入中华民族基因血脉的坚实力量，是中华民族生生不息、继往开来的精神支柱。在新时代，我们要创造性转化、创新性发展中华优秀传统文化，在扬弃继承、转化创新中弘扬和发展中华优秀传统文化，使其与现代社会相适应、与人们精神文化需要相契合，推动构建中华民族共有精神家园，助力社会主义文化强国建设。

中华民族上下五千年历经风雨洗礼愈挫弥坚，优秀传统文化如影随形，始终为中华儿女个人的思维方式和成长发展提供精神领航。坚守传统文化的行为准则，能够在新的时代背景下塑造中华民族的优秀品格，穿越事业发展征程中的迷雾惊涛破浪前行。中华优秀传统文化蕴含的核心价值内涵丰盈，经久不衰，在当代依然焕发出勃勃生机和独特的魅力。中华优秀传统文化注重把人的精神生活纳入社会理想，融汇成底蕴深厚的价值观念和文化传统，代代传承，绵延不绝，成为中华优秀传统文化独特的信仰支柱和精神追求。

中华民族大家庭中，我们的社会理想、发展理念、价值观念、思维方式、审美品位等都有很大相似性，这正好可以成为我们整合思想认识的重要基础。党的十八大以来，我们在全面建成小康社会目标即将实现的时候，又提出了“中华民族伟大复兴的中国梦”概念。习近平总书记指出，中国梦是一种形象的表达，是一个最大公约数，是一种为群众易于接受的表述。中国梦这一概念让人很容易联想到“文景之治”“贞观之治”“开元盛世”和“康乾盛世”等历史上的繁荣时期，因此一经提出就引起广泛共鸣，起到了整合思想认识、凝聚思想共识的巨大作用。目前，“中华民族伟大复兴的中国梦”的概念已经深入人心，成为中华儿女齐心协力追逐的目标。中华优秀传统文化具有达成思想共识的价值，它博大精深的思想内容，包容创新的优秀品质，能够引起广泛的思想共鸣，汇聚同频共振的智慧力量。

三、维护国家文化安全的重要保障

广义的国家文化安全指国家的主流文化价值体系以及建立于其上的意识形态、社会基本生活制度、语言符号系统、知识系统、宗教信仰等主要文化要素免于敌对力量的侵蚀、破坏和颠覆，从而确保主权国家享有充分完整的文化主权，尊重自己的文化价值传统，保持各个民族之间具有高度一致的民族文化认同。国家文化安全的内涵主要涉及两个层面：一是政治意识形态，二是文化与精神内涵，其中政治意识形态内涵构成一个国家文化安全的核心，文化与精神内涵奠定了国家和民族认同的基础。

文化是国家和民族生存、发展的基础条件，文化不仅积淀着一个国家和民族的全部文化创造和文化成果，蕴含着从过去走向未来的发展基因，还为一个国家的政治稳定和经济发展提供了精神动力，为人民大众提供了深厚的道德基础。一旦文化遭遇威胁，必然要给民族和国家带来文化危机和民族危机。国家文化安全与国家政治安全、国家经济安全一样，是国家安全的一个重要组成部分。

中国的文化安全形势不容乐观。一方面，西方文化纷纷涌入中国，从文化资本到文化产品，从文化形态到意识形态，从语言文字到宗教信仰，从影视传媒到日常生活，“西化”无处不在，影响深远，亟待鉴别、规范和梳理。另一方面，我国传统文化价值体系日渐衰退，已经威胁到社会的发展和民族精神的传承，亟须抢救、保护和振兴。特别值得忧虑的是以马克思主义为主导价值导向的意识形态面临严峻挑战。

党的十六届六中全会通过的《中共中央关于构建社会主义和谐社会若干重大问题的决定》中指出："增强国家安全意识，完善国家安全战略，健全科学、协调、高效的工作机制，有效应对各种传统安全威胁和非传统安全威胁，严厉打击境内外敌对势力的渗透、颠覆、破坏活动，确保国家政治安全、经济安全、文化安全、信息安全。"国家文化安全是一个涉及国家文化主权、民族凝聚力、综合国力、社会稳定和构建社会主义和谐社会的战略性问题。因此，在各项工作中，必须树立国家文化安全意识，高度重视国家文化安全，深刻认识国家文化安全与弘扬优秀传统文化之间的关系，借鉴优秀的中国传统文化，巩固马克思主义在意识形态领域中的指导地位，弘扬创新传统文化，建设有中国特色的社会主义先进文化，继承传统美德，重塑国民精神道德规范，为确保国家文化安全竖起一道坚实的屏障。

四、培育社会主义核心价值观的重要资源

社会主义核心价值观从小至大包括个人、社会、国家三个层面，其核心内容与中国传统文化倡导的"修身、齐家、治国、平天下"一脉相承。例如，《易经》中所倡导的"天行健，君子以自强不息"的人生态度，《论语》中提到的"己所不欲，勿施于人"的优秀品质，以及儒家所强调的独立人格和忧患意识都是中华优秀传统文化的精髓。个人层面所倡导"爱国、敬业、诚信、友善"，传承了儒家所谨守的"仁义礼智信""温良恭俭让""君子与人为善"等思想。社会层面所倡导的"自由、平等、公正、法治"，汲取了儒家思想中的"己所不欲勿施于人""矜老恤幼""隆礼重法"等理念。国家层面所倡导的"富强、民主、文明、和谐"，吸收了传统文化中"国富民安""礼之用，和为贵"等要义。可见，社会主义核心价值观体现出了传统文化的独特烙印，散发历史文化底蕴的厚重感，彰显出典型的中国风度和中华气派。

中华优秀传统文化为社会主义核心价值观提供了深厚的精神资源。社会主义核心价值观是在吸收中华优秀传统文化丰富营养的基础上逐步提炼、发展和完善起来的，是对中华优秀传统文化的传承和升华。离开优秀传统文化的滋养，社会

主义核心价值观将变成无源之水、无本之木。我们培育和践行社会主义核心价值观，一定要立足于中华优秀传统文化，认真汲取中华优秀传统思想精华，大力弘扬以爱国主义为核心的民族精神和以改革创新为核心的时代精神，努力用中华民族创造的一切精神财富来以文化人、以文育人，使中华优秀传统文化成为涵养社会主义核心价值观的重要源泉。

中华优秀传统文化为社会主义核心价值观提供了丰富的思想道德资源。中华传统美德是中华文化的精髓，蕴含着丰富的思想道德资源。社会主义核心价值观，是在汲取了中华文化的思想道德资源、弘扬了中华传统美德中形成的。几千年来，我们的先人为我们积累了丰富的道德资源和道德规范。比如，“自强不息、厚德载物”的思想，提出了一个追求道德境界和理想实现的途径；“以民为本、安民富民乐民”的思想，强调惠民安民乐民的为政之德；“仁者爱人、以德立人”“为政以德、政者正也”的思想，强调了关爱人民、以德治国、做人民榜样的政治品德；“以诚待人、讲信修睦”的思想，强调了人与人之间讲究信用、谋求和睦的道德品格等。我们必须认真汲取道德精髓，深入挖掘和发扬以德治国、以德立人和明德、亲民、至善的道德思想，大力弘扬中华传统美德，使中华传统美德在新的历史条件下发扬光大。

中华优秀传统文化为社会主义核心价值观提供了丰厚的文化资源。中华民族拥有五千年的悠久历史，创造了灿烂辉煌的文明，中华优秀传统文化对世界文明进步作出了巨大贡献。中华优秀传统文化经过几千年的漫长岁月，以一种春风化雨、润物无声的形式逐渐地浸润到我们每个中国人的心灵生活中、流淌在我们的血脉之中。中华优秀传统文化为社会主义核心价值观积累了丰厚的文化形态、文化思想、文化精神。弘扬中华优秀传统文化工作，要不断从深厚历史文化中汲取养分、优化资源，利用成语典故、诗词格言、传统美术、民间工艺、楹联灯会等文化形式，展现中国特色、中国风格、中国气派，不断夯实核心价值观的文化基础。

五、建设中国特色社会主义的重要支撑

中国特色社会主义是在党的领导下根据中国的国情实行的社会主义，它既不同于传统的社会主义，又不同于其他国家的社会主义。它既要坚持马克思主义的

基本原理，走社会主义道路，又必须从中国的实际出发，不照抄、照搬别国经验、模式，走具有中国特色的道路。换句话说，马克思主义要在中国生根并发挥它的作用，必须实现马克思主义中国化，即与中国的实际相结合，其中一个重要方面就是与中国传统文化相结合。

无论是坚持马克思主义的指导，牢牢把握社会主义建设的方向，还是从中国实际出发，走具有中国特色的道路，都离不开中华优秀传统文化的传承。更准确地说，在中国，坚持马克思主义与传承中华优秀传统文化是建设中国特色社会主义过程中相辅相成的一体两面，马克思主义中国化与中国传统文化现代化可以看作是同一过程的两个方面。“马克思主义不通过结合中国传统文化中的优秀精髓难以中国化，而中国传统文化固守传统，拒绝接受用马克思主义的立场观点方法来进行研究发掘就不可能现代化。”①

中国传统文化的现代化不是消灭传统，而是把传统文化放置在马克思主义的框架中思考，在新的社会主义条件下延伸传统、更新传统、丰富传统。因而，建设和发展中国特色社会主义，必须传承和发展好中华优秀传统文化，弘扬具有时代价值的思想理念、传统美德和人文精神，从而不断充实和丰富中国特色社会主义的内涵，把中国特色社会主义伟大事业向前推进。

第四节　中华优秀传统文化的发展概况

一、中华优秀传统文化在国内的发展

中华民族在长期的历史实践中形成了具有民族特色的优秀传统文化。中华优秀传统文化是人类文明宝库中的瑰宝，是中华民族的民族之魂，是不断发展壮大中国特色社会主义文化的文化根基，是不断增强我国文化软实力的不竭动力之源，是中华民族儿女自强不息、孜孜不倦的精神动力源泉和中华民族自立于民族之林的精神根基。中华优秀传统文化中包含的价值理念、行为规范、哲学观念、辩证思维等思想文化精华，为中华民族儿女坚定正确的价值追求和政治信仰提供了根

① 邱柏生．论文化自觉、文化自信需要对待的若干问题[J]. 思想理论教育，2012（1）：13—19.

本遵循，为中华民族铸造特有的民族气节、民族性格、民族气魄、民族节操及民族品质提供了精神滋养；中华优秀传统文化中包含的“仁、义、礼、智、信”“恭、良、勤、俭、让”“孝、悌、廉、忠、勇”等思想道德观念不断深入中华儿女的内心，中华优秀传统文化承载的“以文化人、以文育人”功能为中华民族的发展进步提供了深厚的文化土壤。

（一）中国传统文化自身的发展

1.20 世纪 80 年代的“文化热”

改革开放使得中国几千年来遗留下来的封建思想意识、思维方式、伦理道德和价值观念等成为社会现代化发展的阻力，因此，清除传统文化中的消极因素，进行思想文化的更新，是现实的迫切需要。其中经济、政治和思想文化领域的深刻变化，必然要求建立与之相适应的新文化，以推动客观形势的进一步发展。与此同时，对科学、民主地呼唤以及世界性的文化热潮对我国学术界的冲击，也要求其进行文化建设。在这样的社会背景下，20 世纪 80 年代我国掀起了“文化热”，全国各地先后召开了各种类型的座谈会、讨论会；一些高等学校和科研单位陆续成立了一批文化研究机构和团体；创办了一些文化学科的研究刊物；人文社会科学的各学科与文化联姻，或从文化的角度开辟研究的新视野；出版了大量有关文化和文化史的专著、译著、论文等。

此次“文化热”研究讨论的内容主要包括以下几个方面：文化及文化的定义、对象、结构、范围等；中国传统文化的特点、核心演变规律；某种文化专题、专史和某些具体的文化现象；中西文化之比较；围绕中国传统文化的去向问题，讨论了中国现代文化与传统文化及西方文化的关系。

此次“文化热”为今后深入进行文化研究开辟了良好的开端，但它对许多问题的研究和讨论还只是初步的，这也为 20 世纪 90 年代文化研究的进一步兴起提供了契机。

2.20 世纪 90 年代以来的“文化热”

20 世纪 90 年代，中国开始走上社会主义市场经济的道路。在这样的社会背景下，我国再次掀起“文化热”。此次“文化热”的格局大体可以分为以下 3 种。

（1）主流意识形态文化

主流意识形态文化是与国家性质相联系的处于一定社会政治和经济制度之上

的文化。这一文化在中国当代文化中居于领导地位。

（2）高雅文化

高雅文化是由知识分子创造并在知识分子阶层盛行的文化。高雅文化是指高层次、高品位、高水平的严肃艺术、民族艺术及高质量的作品、论著等，它代表了民族文化的水平。

（3）大众文化

大众文化是指被一个社会和一定地区内大多数人所欣赏、接受的文化。大众文化发展的速度很快，主要是因为中国社会在由农业文明向工业文明转化、由计划经济体制向市场经济体制过渡的过程中形成了新的伦理观念、价值判断体系、思想意识等。

（二）中华优秀传统文化产业的发展

我国传统文化产业起步较晚，发展道路崎岖。虽然近年来我国传统文化产业发展十分迅速，从事传统文化事业的人也越来越多，但是其在世界文化中所占的比重还很小，在发展过程中还面临许多困难和挑战，这主要是由传统文化产业的性质决定的。传统文化产业具有商业和意识形态的双重属性，可以促进一个国家经济、政治的发展，对社会具有凝聚作用。我国现在还只是发展中国家，国际地位还不够高，因此在发展传统文化产业时，在学习引进国外先进的生产技术、管理方式以及存在竞争时，要避免我国传统文化产业受到不平等待遇，并积极迎接各种挑战。

二、中华优秀传统文化在国外的发展

2004 年以来，世界上许多国家都建立了孔子学院，孔子学院是中外合作建立的非营利性教育机构，致力于满足世界各国（地区）人民对汉语学习的需要，增进世界各国（地区）人民对中国传统文化的了解，加强中国与世界各国的交流合作，促进世界多元文化的发展。

孔子学院传播中国传统文化的力度很大，传播范围很广，既可以让中华传统文化走出去，还可以作为世界各国进行文化沟通交流的重要纽带。例如，孔子学院在非洲的发展相当迅速，并且有着非常好的发展前景。孔子学院在非洲不仅可以传播中国传统文化，还可以增进中非友谊，促进中非合作，使中非成为战略合作伙伴。近年来，为了加大孔子学院的宣传力度和促进其更好的发展，满足各个国家学习中华传统文化的要求，孔子学院总部派出多名志愿者，从而促进了中国与其他国家的友好发展。

孔子学院现今为了缩小各个国家和地区间的文化差异，正在实施新汉学计划，以便更好地传播中华传统文化。今后孔子学院将会再接再厉、不断创新，让更多其他国家可以学习到中华优秀传统文化。

中国与世界各国之间加强文化交流，还需要让更多的学生走出国门，将中华优秀传统文化传播到世界各地，让其他国家的学生爱上中国文化。另外，旅游和文化是密不可分的，我国可以在加大开放力度的同时，利用旅游让中国传统文化走出国门，使中国传统文化更加立体。

在中国传统文化中，儒家文化的影响最为深远。因此下面以儒家文化为例阐述中华优秀传统文化在国外的发展概况。

（一）儒家文化在东亚地区的传播

儒家文化对东亚地区的影响非常大。我国学者从不同角度对儒家文化在东亚地区的传播进行了分析，认为儒家文化之所以能在东亚地区得到广泛传播并且有所发展，是由以下因素造成的。

1. 各国政府的积极倡导

（1）朝鲜

儒家文化早在公元前 4 世纪左右就已传入朝鲜。韩国著名学者柳承国认为，与燕昭王（公元前 311—前 270 年）同时代的古朝鲜社会已习得中国儒教思想，并活用于解决国际之难题。由此可见，孔孟思想于公元前 4 世纪左右，已经在韩国社会起了功能性的作用。韩国学者金忠烈认为，“将中国儒教之传来时期，换言之，儒教普及朝鲜半岛的渊源视为公元前 4 世纪，而儒学的受容则以三韩时代为起点。”[①] 他认为儒家思想在传播过程中会在其他国家有一定的适应期，如果儒教的传来可追溯到公元前 4 世纪，那么儒学的受容则在汉四郡时期，即公元前 100 年左右。换句话说，儒家文化从战国时期就已经传入朝鲜，到了汉代对朝鲜

① 张灿．浅谈儒家思想对东亚的影响[J]. 才智，2011（3）：199.

的作用十分明显。早在公元前108年，我国就在朝鲜设立了郡县，儒家文化中治理地方的思想也较大地影响了朝鲜的生活。公元前1世纪中期在朝鲜传播的儒家文化使高句丽、百济、新罗并起，并且让这三个地方在4世纪末形成三足鼎立的局面。

高句丽是受到儒家文化影响最早的地方。小兽林王二年（公元372年）六月，高句丽为了学习中国的古典书籍而设置了太学。在太学中，人们主要学习中国文化的五经和《史记》《汉书》《后汉书》等史书。另外高句丽还开设了“扁堂”，主要是教导一些未婚青少年学习五经三史。据李延寿《北史・高丽传》记载：“书有五经、三史、《三国志》《晋阳秋》。”这句话说明高句丽已经受到了儒家文化的熏陶。

公元4世纪，百济也建立了类似的机构以学习中国文化，对此，古书中记载的“枕流王立……始立太学，颁律令”就可以充分证明。

新罗地处朝鲜半岛最南端，与中国的接触较晚。直至真德女王五年（公元652年），新罗才开设国学的官职，其中就包括“大舍”二人。在7世纪中叶的新罗，就有学官在当地讲解儒家学问。在朝鲜，人们追求学问是不分等级的，无论是贵族子弟还是平民百姓都可以接受儒家文化教育。在新罗，有学者通过对中国传统文化的学习发明了“吏读法”，就是利用中国的汉字和汉语来标记新罗的语言文化，这一举措让朝鲜进入了儒家文化学习的新阶段。675年，新罗和中国正处于交往最密切的时期。新罗统一朝鲜和中国大唐王朝的繁荣是密不可分的，两国的交往也促进了儒家文化在朝鲜的传播和发展。在新罗神文王二年（公元682年），朝鲜在首都庆州建立了隶属于礼部的国学。朝鲜课堂教授内容也主要是儒家经典，主要包括《春秋左氏传》《尚书》《周易》《礼记》《毛诗》《论语》《孝经》等。其中《论语》《孝经》是学生的必学科目。新罗在地方上也同样设有学校，宋代赵汝适说过：“人知书喜学，厮役之家亦相矜勉。里有黡，扁曰局堂，处子弟之未婚者习书射于其中。”[①] 这句话也反映出了儒家经典在新罗的影响之大。

（2）日本

日本是通过朝鲜半岛将儒家文化传入的，所以日本接触儒家文化也比较晚。应神十六年（公元405年），百济人王仁携带10卷《论语》和1卷《千字文》到

① 姜维东，郑春颖，高娜．正史高句丽传校注[M]．长春：吉林人民出版社，2006．

达日本，从此汉字在日本广为流传，日本开始将汉字作为正式的书写文字，并以汉字为日语标注音标。日本也因此在宫廷中开始教授以儒学为主的儒家文化。不仅百姓推崇儒家文化，连皇太子也拜王仁为师，皇族和高级官吏的子弟也都开始学习儒家经典，品读《论语》。在此后的两百年间，日本以百济为纽带学习儒家文化，但是儒家变化只在王子的范围内传播，他们主要学习的是《论语》中的内容。日本古代统治者对儒家文化越来越重视，学习的意识越来越强烈，并且利用各种方法大力传播儒家文化，让儒家文化深入人心。

到了公元6世纪初，儒学才作为一种学术思想传入日本，并形成了完整的教育体系。据《日本书纪》记载，继体天皇七年（公元513年），百济遣五经博士段杨尔来到日本。三年之后（公元516年），百济派五经博士汉高安茂代博士段杨尔来日本，在此之后形成了以轮代交替为主的制度。钦明天皇十四年（公元553年），百济又派五经博士王柳贵代马丁安来到日本。到了第二年，百济“依请代之”，我国派出了许多博士前往，后续还增加了五经博士、医博士、易博士、历博士等前往日本学习，互相探讨学术，这体现了我国的博大胸怀，以及日本对知识的渴求和对学术的向往。

古天皇圣德太子为儒家文化地传播做出了很大的贡献。圣德太子在摄政期间，实施了有利于传播儒家文化的相关政治改革，其中比较著名的是公元604年的“宪法十七条”。宪法中不仅有佛教思想，还有很多国家文化，其中一些语句直接来源于儒家经典。另外，在大宝元年（公用701年）修改的《大宝律令》将改革以法律的形式固定下来。《大宝律令》还在第二十二条“学令”中对教育制度问题做出了严谨的规定。“学令”中似括大学头、置博士、助教等，教授许多儒家经典，对此，“凡博士，助教，皆取明经堪为师者”这句话可以充分证明。大学寮的教材主要是九经，其中《周易》《尚书》《周礼》《仪礼》《礼记》《毛诗》《春秋左氏传》各为一经；《孝经》《论语》，学者兼习之。公元710年，杂良时代开始，日本把平城京（奈良）定为首都，儒家文化教育得到了大力发展。奈良朝在教育方面遵循的是《大宝律令》，儒家思想和教育方式在日本得到了新的发展。奈良朝十分重视儒家思想中的伦理道德，包括忠、孝、礼等观念，其中孝的观念最为人们所认同。元正天皇养老四年（公元720）的诏书中写道：“民禀五常，仁义斯重，士有百行，孝敬为先。”孝谦天皇天平宝字元年（公元757年）四月，诏曰：

“古者治民安国，必以孝理。百行之本，莫先于兹。宜令天下，家藏《孝经》一本，精勤诵习。”[①] 说的是要求每一家都要收藏一本《孝经》。这一诏令下达后，社会就开始提倡孝道，孝道观念深入人心。平安朝也延续了奈良时期的教育制度和教育方式，并且丰富了大学的内容，扩充了大学中的明经、纪传、明法、算四道，其中的明经道最受当时人们的推崇和认可。在明经道中，学者们研究的是九经，包括《诗经》《书经》《易经》《公羊传》《谷梁传》《左传》《周礼》《仪礼》《礼记》。纪传道研究的是《史记》《汉书》《后汉书》。根据当时社会人们的需要，平安朝依然主张孔子的伦理道德、孝道。天皇本人也带头学习，并且大力宣传使用唐玄宗御注的《孝经》，提倡把儒家的伦理观念作为建立民风民俗的基本标准。

在江户时代，幕府的最高学府为昌平坂学问所，即昌平贽。这所学校是完全教授儒学的学校。幕府十分支持儒学的发展，以至于各个藩都开始学习儒学经典。江户初期，藩学还叫作“学问所”“稽古所”或者“讲释所”。到了江户后期，学校名称是由自经义演变而来的，比如“明伦堂”“明伦馆”“弘道馆”“日新馆”“崇德馆”等。另外，各个地方也都纷纷建立了寺子屋和心学供平民子弟学习，接受儒学的道德思想教育。江户时代的初等教育机构也包括心学，其主要教授儒学修身伦理方面的知识。寺子屋及心学在全国各个地方普及，而且心学的教学对象不分性别和阶级，这让儒家思想得到了广泛传播。

（3）越南

越南和邻近中国的日本相比，受中国传统文化的影响比较早，因为越南曾经是中国的郡县。公元前 214 年，秦朝统一岭南，在岭南地区设南海郡、桂林郡、象郡三郡。秦末（公元前 207 年），南海郡尉赵佗乘秦亡之际，封关、绝道；三年后，兼并岭南的桂林郡、象郡，于公元前 204 年正式建立南越国，自号“南越武王”，国都定于汉族地区南部的番禺。汉武帝元鼎五年（公元前 112 年），越南国被灭，之后在越南设立了交趾、九真、日南三个郡。经历东汉、三国、两晋、南北朝、隋、唐而至五代，越南依旧是中国的郡县。

中国学者和太守刺史在出任越南时，在越南大力宣传儒家文化，利用儒家文化改善其落后的风俗习惯，并且通过在民间的互动，让儒家文化深入百姓心中。在这一时期，交趾太守锡光和九真太守任延对儒家文化在越南地传播做出了很大

① 李聪，李阳．《孝经》对现代社会的意义[J]．学理论，2014（19）：161–162．

的贡献。三国时期的儒生士燮为儒家文化在越南地传播起到了初步奠基的作用。晋代我国仍然向越南派出刺史、太守等地方官，也允许越南人来到中国参加贡举，还可以在内地当官。唐朝时期在交州设都护府，地方官注重考核文教，目的是振兴儒学。各地都为越南学者开辟科举考试，使儒家文化在越南得到了广泛传播。

939年（后晋天福四年），越人吴权独立后，建立吴朝，之后建立的丁朝、黎朝寿命都很短暂，记载中只有“观明堂辟雍”。1010年，李朝在越南建立，开始认识到儒学的重要性。李朝太宗（佛玛）天成年间（公元1028—1034年），应对武德、东征、翔圣三王作乱的方法是“张旗帜，整队伍，悬剑戟于神位前，读誓书曰：‘为子不孝，为臣不忠，神明极之。’”①通瑞五年（公元1038年）二月，为了发展农业、繁荣经济，李太宗便筑坛祠神农，帝执耒欲行躬耕礼，但是当时有许多官吏劝皇帝不要整天为农事烦扰，李太宗的回答是：“朕不躬耕，则无以供粢盛，又无以率天下。”②越南建立从中央到地方、从官学到私学的完整儒学教育制度是从陈朝开始的。在陈朝刚立国之时，太宗陈煚确立了国子监在中央最高学府的位置。历史记载，陈太宗天应政平十二年（公元1243年）重修了国子监。在此之后，又建立了国学院，主要是为了讲授中国传统经学：陈太宗元丰“三年（公元1253年）……六月，立国学院。塑孔子、周公、亚圣，画七十二贤像侍奉……九月，诏天下儒士诣国子院，讲‘四书’‘六经’”。③统治者为官学选择学官，要求官学教师必须能讲透“四书”“五经”之义：陈圣宗绍隆“十五年（公元1272年）……冬十月，诏求贤良明经者，为国子监司业，能讲谕‘四书’‘五经’之义，入侍经幄”。④这些都体现出了当时文人学者对古代经典的尊重。

陈朝实行太学教育，目的是为统治阶级培养人才。据古书记载，陈明宗在大庆元年“冬十月，试太学生，赐爵簿书令，命局正阮柄教习，以为他日之用”。当时的皇帝非常重视，因此在考试期间，皇帝都会亲自监考。陈顺宗光泰十年（公元1397年）夏四月，在于州镇设置教授、监书库职位，目的是发现民间的优秀学者。五月，陈顺宗下诏曰：“古者国有学，党有序，遂有座，所以明教化、敦风

① 中华文化通志编委会．中华文化通志第一典历代文化沿革宋辽夏金元文化志[M]．上海：上海人民出版社，2010.

② 同上。

③ 同上。

④ 同上。

俗也。朕意甚慕焉。全国都之制已备，而州县尚缺，其何以广化民之道哉！应令山南、京北、海东诸路府各置一学官，赐官田有差，大府州十五亩、中府州十二亩、小府州十亩，以供本学之用。告朔一分、学一分、书灯一分。路官督学官教训生徒，使成才艺，每岁季则选秀者贡于朝，朕将亲试而擢之焉。"[①] 虽然陈朝的诏令没有被充分实施，但陈朝的儒学教育已经形成了一套完整的制度。

明成祖四年（公元 1406 年）至宣宗二年（公元 1427 年）的二十年间，越南北部在明成祖的统治下，大力发展儒学。史载，明成祖永乐五年（公元 1407 年）在越南诏访明经博学、贤良方正、孝悌力田之人，送京录用。永乐十五年（公元 1417 年），明朝学者又有岁贡儒学生员，充国子监，府学每年两名，州学两年三名，县学一年一名，后又定府学每年一名，州学三年两名，县学两年一名，并且要求每年在国子监的制度中加入儒学子弟，学习儒家思想文化。这一举措让儒家文化在越南得到传播发展。

在后黎朝，儒家文化有了更大的发展。黎太祖顺天元年（公元 1428 年）在京城设立国子监，设置了祭酒、直讲、学士、教授等职位，而且在各个路县设立学校，置教职。黎太宗统治时期，为了提高儒学子弟的社会地位，1434 年开始让国子监生和县生着冠服，并且让国子监教授及路县教职共同着高山巾。另外，黎圣宗为了展现对儒家文化教育的重视并提高儒生的地位，有时会亲自来到学校。史载黎圣宗洪德七年（公元 1476 年）春二月，"帝亲幸学"，他这样做只是为了监督、督促和鼓励国子监中的学生学习儒学。1484 年，黎圣宗定国子监三舍生除用令，并且依照会试中场的数量把学生分为三舍，这就像是将学生按照成绩分成三个等级。1802 年，阮朝依旧延续黎朝的传统，并且更加重视和尊重儒家思想。朝臣吴廷价等大臣在皇子教育方面提出了建设性的意见，强烈要求并上奏提出集善堂（诸皇子讲学之处）的规章制度。除此之外，阮朝还主张各级的儒学教育。阮朝在嘉隆二年（公元 1803 年）在京城顺化之西建国学，又于全国各营镇置督学，对士子的课堂进行监督和督促，并且学习科目为士法，审定教条，颁布实施。教学内容都是一些经典的儒家著作。

① 陈荆和．大越史记全书本纪（卷 8）[M]．东京：日本东京大学东洋文化研究所东洋学文献刊行委员会发行，1984.

2. 大力传播儒家文化

由于受到“礼闻来学，不闻往教”传统思想的影响，古代中国显得相对封闭，以至于不能主动向其他国家传播儒家文化。这一情况让周边国家实行“拿来主义”。这种“拿来主义”具体地说就是其他国家主动派遣使者和留学生来中国学习中国传统文化，包括儒家文化，日本和朝鲜就是鲜明的例子。早在640年，高丽就开始多次向唐派遣留学生，后期又派学者到宋朝入国子监学习中国传统文化，学习和参加中国的科举。有记载称，高丽景宗元年（公元979年）“遣国人金行成入就学于国子监”；雍熙三年（公元986年）十月“又造本国学生崔罕、王彬诣国子监肄业”。① 到高丽末年，来明的学生人数更多。这些举措使得儒家文化在高丽不断传播，到7世纪中叶，儒家文化在高丽的影响达到了顶峰。

新罗也曾派遣自己国家的学生来到中国学习儒家文化和中国传统文化。儒家文化在新罗逐渐发展是在新罗统一后。在新罗，儒家文化发展也是相当快速的，如“唐开元十六年（公元728年），遣使来献方物，又上表请令人就中国学问经教，上许之”“唐开成二年（公元837年）三月，又新罗差入朝宿卫王子，并准旧例，割留习业学生，并及先住学生等，共二百十六人，请时服粮料。”② 这两处记载可以充分证明儒家文化在当时新罗的发展情况。当时新罗派大量人员到中国学习传统文化和儒家文化，在公元840年，派往中国唐朝的留学生达到105人。唐朝的科举制度允许新罗人参加科考，因此当时不少新罗人来到唐朝参加科举考试。自公元821年以后，很多新罗人在唐朝考取了官职，比如金云卿、崔致远、崔匡裕等，其中崔致远的名声最大。

日本留学教育的产生要早于朝鲜。日本在当时非常重视对儒家文化的学习，所以在圣德太子时期，就派大量的留学生到中国学习儒家文化。日本在推古天皇十五年和十六年（公元608年）曾两次派小野妹子到中国学习儒家文化。之后还派了高向玄理、南渊请安、僧旻等八名留学生和学问僧同行，成为派遣留学生到中国学习儒家文化人数最多的国家。这些留学生、学问僧经过学习、研究后回到日本，受到日本朝廷的重视，对传播儒家文化起到了重要的作用，同时促进了两

① 中华文化通志编委会．中华文化通志第一典历代文化沿革宋辽夏金元文化志[M]．上海：上海人民出版社，2010．

② 刘后滨．从宿卫学生到宾贡进士——入唐新罗留学生的习业状况[J]．社会科学战线，2013（1）：123-128．

国的经济政治往来。日本设置官治最早是在孝德天皇大化元年（公元 783 年），僧旻和高向玄理被任命为国博士。南渊请安从中国学习后回到日本，利用自己所学和探究撰写了许多书籍，并且成为日本有名的大儒学家。公元 645 年，日本皇极女皇让位于孝德天皇，建元大化时期，任命僧旻、高向玄理为国博士，他们的主要任务是对日本的经济政治制度进行改革。另外，在大化二年（公元 646 年），孝德天皇发布了大化改制新的诏令。在日本这一巨大的社会变革中，儒家文化起到了积极的促进作用。

大化改新之后，日本国内大力发展儒家思想，支持人们学习儒家文化，使儒家文化得到了空前的发展。公元 630 年，日本第一次派出以犬上御田锹为首的学者作为遣唐使到中国进行交流学习。到公元 894 年的两百余年间，日本曾派学者到中国唐朝学习次数达 19 次之多（正式派遣并到达唐朝的为 13 次）。日本的奈良朝也同样重视儒家文化的传播，为了学习儒家文化也前后多次派出学者到中国学习探讨学问。来到唐朝学习的日本学者们一般都是来到长安，在国子监所属六学馆之一学习儒家经典文化。在日本派出的学者中，为日本做出较大贡献的是吉备真备。他在回到日本后被日本天皇任命为大学助教，负责教四百名学生学习“五经”“三史”及其他在中国学到的技艺。他还曾经向少女时代的孝谦女帝传授自己学到的儒家思想文化。吉备真备还通过自己所学撰写出关于儒家思想方面的文学著作，其中《私教类聚》就是教导人们终身遵循儒家道德，以儒家思想为道德生活准则。

（二）儒家文化在欧洲的传播

由于中欧之间路途遥远，儒家文化在欧洲国家的传播较晚。到了 16 世纪末期，儒家文化才开始在欧洲广泛传播。儒家文化在欧洲的传播主要得益于两类人：西方传教士和中国学者。儒家文化在欧洲的影响非常大，其中最为重要的是，由于受到儒家文化的熏陶，欧洲开展了启蒙运动。

在开辟新航路和发现新大陆后，欧洲一些国家开始对东方一些国家进行殖民侵略。1579 年，意大利传教士来到中国澳门。1582 年，利玛窦来到中国学习钻研儒家文化；1595 年，他在中国南昌刊印了《天学实义》等中国国学经典（后改为《天主实义》），之后该书经过多次翻版，流传到世界各个国家和地区。利玛窦还将自己所学的儒家知识介绍给自己国家和欧洲其他国家，使各国对中国有了更多的了解。1594年，利玛窦在韶州传教期间，用拉丁文翻译了儒家经典——“四书”。利玛窦的拉丁文本“四书”是第一部西译的中国古代经典作品。此外，利玛窦的《基督教传入中国史》《利玛窦日记》也被翻译成意文、拉丁文、法文、德文和西班牙文等。16—17世纪，儒家文化开始传入意大利，作为一种新思想，儒家文化在意大利的影响力大幅提升。利玛窦对儒学的研究、学习和翻译，使他获得了“博学西儒”的雅号。在他之后，还有许多传教士想把儒学经典和天主教义发扬完善，这促使许多学者都去研究、利用儒家文化，从而大大促进了儒家文化的发展。其中，研究比较透彻、贡献较大的有艾儒略和殷铎泽。艾儒略对“四书”“五经”有深入的研究，并根据自己的学习写作了三十余种相关方面的书籍。他和利玛窦的相同之处在于他也在自己的著作中引用了大量的儒家经典知识。艾儒略早在1625年就开始在福建等地进行儒家文化的讲学传教，并且被闽中人称为“西来孔子”。1662年，殷铎泽将《大学》《论语》等经典著作翻译成拉丁文。1672年，殷铎泽拉丁文版的《中庸》在巴黎出版，书末页处附有拉丁文和法文的《孔子传》。这本书主要是向西方国家的人们介绍孔子的历史及其丰功伟绩，宣传儒家思想。1687年，他与比利时传教士柏应理、鲁日满，奥地利传教士恩理格等人一起编写的《中国哲学家孔子》也被翻译成拉丁文，并大量在巴黎出版销售。书中对《孔子传》及周易六十四卦的含义进行了解释，还有大量的孔子画像。这本书在欧洲地区大量销售，成为欧洲对“四书”和《孔子传》介绍最为详细的书籍，让欧洲学者们对孔子有了初步的认识，并且将孔子作为天下先师及道德与政治哲学上最伟大的学者。

通过传教士的翻译，意大利等欧洲国家了解到了中国文化的博大精深。他们对中国文化及经典著作的传播，让越来越多的西方人对儒家文化有了初步的认识，即使他们的著作对儒家文化的介绍比较简单、肤浅，甚至有一些错误。在意大利对孔子的学习之风过后，法国的传教士也纷纷来到中国学习中国文化。对儒家经典书籍进行翻译的不仅有法国传教士，还包括其他国家的传教士。这些传教士不仅对儒家经典书籍进行翻译，还亲自写书介绍儒家文化的相关知识。其中，最著名的有《中华帝国全志》《耶稣会士中国书简集》《北京耶稣会士中国纪要》。《耶稣会士中国书简集》中就有十六封关于儒家经典的书信；《中华帝国全志》在法国出版后，英、德、俄等国家也对其进行了翻译和传播，书中包含大量的孔子和康熙像，并且在第二卷详细地讲述了儒家经典诗书和教育方式。德国第一次接触儒家文化的人也是因为传教士。1735 年出版的《中华帝国全志》是法国耶稣会士杜赫德写的关于中国的著作，它是中西文化交流史研究中的一部经典之作，书中就有儒家文化翻译成德文的相关证明。儒家文化的翻译活动被大大推广，使德国人对儒家文化有了初步的了解。

18 世纪 60 年代，英国进行了工业革命。当时英国的资产阶级需要广大的市场，而中国市场最大。为了打开中国的大门，英国派遣传教士前往中国。清嘉庆十二年（公元 1807 年），马礼逊来到中国并在 1824 年带走中国一万卷书籍回到英国，带回的书中包括大量儒家经典书籍。在此之后，又有许多儒家文化书籍、汉画等传入英国并被收藏在英国博物馆和大学中，其中不少是中国很珍贵的书籍。比如现存的唯一一本徐光启的《诗经传稿》（清康熙十二年刻本）藏于牛津大学。这对儒家文化在英国的发展和英国对中国的了解有一定影响。所以，从英国在对中国发动的鸦片战争中就可发现，用武力是不能征服中国的，其中最重要的原因就是中国受到儒家思想的影响形成了抵制侵略的传统观念。因此，传教士们加强了对儒家文化的研究。庄士敦就派陈焕章担任孔教的“讲经大师”，他认为“四书”“五经”是中国教育的特色，就像希腊、拉丁文是英国教育的特色。

英国人也逐渐认识到学习儒家文化的重要性。1861 年，雷祈对“四书”“五经”进行了研究翻译。1873 年，理雅各回到英国后，大力促进英国和中国之间的贸易及文化往来，加强本国学者对儒家文化的研究学习。理雅各还翻译了中国的《十三经》等十多种经书供本国人民学习。吉尔斯翻译了与儒家经典相关的各类书籍，甚至包括一些反儒家的著作，他认为这样就能够使英国人多方面地了解儒家思想。同时，英国除了翻译大量的儒家经典，还向本国学生开设讲座。1786 年，牛津大学开设了汉学方面的讲座，并且聘请理雅各作为讲师。理雅各声称，设置这个讲座的目的是“出于我们同中国的政治和商务的关系”。在理雅各的倡导和鼓励下，又有许多传教士开始对儒家文化开展研究活动，休中诚就是其中一位。他的目的是通过对儒家文化的研究，向全英国乃至全西方介绍、传播儒家经典学说。他后来在《中国古代哲学》一书中，对孔子及其弟子子思、孔门诸儒及孟子、荀子等儒家代表的思想文化进行了详细的描写和介绍，还向本国人民传播了《论语》《孟子》《大学》《孝经》《易经》《白虎通义》等儒家经典相关内容。另外，英国哲学家韦伯写作了《儒教与道教》一书，从社会经济角度对中国儒家经典文化进行了研究。这些英国学者的著作代表了英国对儒家和孔子思想文化的研究水准。

三、中华优秀传统文化的现代化

随着21世纪的到来，中国社会发展的时代主题是要全面实现社会主义的现代化，其中自然也包括传统文化的现代化。本部分主要对中国传统文化的现代化进行分析阐述。

（一）中国传统文化现代化的具体表现

中国传统文化的现代化不仅涉及的范围极其广泛，而且涉及“去伪存真，去粗取精”的学术研讨与文化的再创新等问题。这里主要从以下3个方面进行论述。

1. 中国传统思想观念的现代化

中国传统思想观念的现代化主要表现为传统价值观念的现代化。在几千年的文化发展和积淀中，中华民族形成了不同于其他民族的价值观念。这些观念大致表现在崇古唯上、家族本位、重农抑商、贵义贱利、尊道鄙器、存理去欲、返璞无为、知足常乐等方面，它们无疑是与我国的现代化进程相矛盾和冲突的。这些传统的价值观念，由于长期积淀，渗透在人们的心理和情感之中，往往自觉或不自觉地成为人们活动的动机和出发点，成为人们审视和评价现实的标准，使人们很难认同和接受新的价值观念，甚至产生拒绝和抵抗的情绪。因此，必须对这些陈旧的传统价值观念进行全面的变革，赋予时代精神新的内涵，以形成新的价值观念，使其适应现代社会的发展需要。

2. 中国传统思维方式的现代化

传统思维方式处于中国传统文化深层结构的核心地位，充分反映了中国传统文化的基本精神和本质特征。传统思维方式的特征主要表现在整体思维、直觉体悟、辩证综合等方面，即注重从整体角度准确地把握事物本质，重视事物之间的联系和统一；注重从对立统一的视角来理解事物的生成、变化和发展。

传统思维方式在中国社会的发展过程中，显示过其合理性和积极作用，但是，在现代科学技术的发展中，它们的缺陷是非常明显的，如直觉体悟就是主体凭借自身的知识经验，不经过严密的逻辑推理，不受逻辑规则的约束，对客体做出直接的理解和判断，并得出结论。这种思维方式使中国科学理论发展缓慢，使中国各门科学体系迟迟不能建立，这是中国近代科技落后的原因之一，若不加以变革，还会制约中国现代科技的发展。因此，必须对传统思维方式进行变革，赋予其新的内涵，以适应现代科学技术发展的要求。

3. 中国传统行为方式的现代化

行为方式是人们在社会生活中形成的一定行为定式。一般来说，它带有某种常规性、历史性的内容。

中国传统行为方式对中国式现代化建设形成了阻碍，如在农业社会的经济条件下，人们养成了悠闲自适的生活习惯，悠闲散漫、持重有序、不求速度与效率、没有时间紧迫感等可以说是中国人长期以来共有的民族性格，并且渗透在社会生活的各个方面。而在现代社会，随着科学技术的高速发展，人们的生活节奏大大加快，客观上要求高效率、高速度的生活方式，这与传统悠闲散漫的生活方式是格格不入的。因此，只有彻底抛弃这些传统的行为方式，才能促进社会的现代化。

（二）建设中国特色社会主义新文化

实现传统文化的现代化，目的在于建设中国特色社会主义新文化。而建设中国特色社会主义新文化，必须遵循正确的指导方针，确定明确的发展方向，从根本上体现先进文化的基本特征。

首先，要体现文化的民族性。任何一种文化首先是一种民族文化，是民族精神和民族传统的具体体现。中国特色社会主义文化是中华民族的新文化，是深深植根于中华民族的文化传统的。即使是在社会飞速发展的今天，传统文化对当代人的价值观念、思维方式、生活习俗、伦理情趣和中国社会的发展，都有深刻的影响。为此，必须使优秀传统文化发扬光大，做到“古为今用”。

其次，要体现文化的时代性。文化作为一定社会条件下的产物，不能脱离特定的时代而存在。目前我国正处于社会主义初级阶段，这一时代的文化特点表现在思想观念上就是要为改革开放和现代化建设提供强大的精神动力和智力支持，表现在科学技术上就是要积极表现现代科学技术发展的最高水平。

再次，要体现文化的科学性和创新性。一方面，中国新文化的发展必须坚持以科学的理论为指导方针。只有能够客观反映人类对自然界和人类社会的真理性认识、顺应人类社会的发展规律、揭示人类社会未来发展方向的理论才是科学的理论，才是具有先进性的理论。另一方面，中国新文化的发展必须顺应时代潮流，着眼于创新和发展。中国特色社会主义文化本身就是中国文化综合创新的结果，因此必须继续以创新精神为自己的动力，推陈出新，与时俱进，在不断创新中得到发展和丰富，始终保持中国新文化的旺盛生命力。

最后，要体现文化的世界性。任何一种民族文化只有与其他民族文化之间相互交流、相互渗透和相互吸收，才能得到更好的发展。我国的现代化建设要求，不仅要吸收世界各国先进的生产经营知识、管理知识，也要融汇世界上一切先进的思想和文化知识，做到“洋为中用”。

第二章　中华优秀传统文化的成就

本章介绍了中华优秀传统文化的成就，主要介绍了三个方面，分别是中华优秀传统文化的思想成就、中华优秀传统文化的科学成就、中华优秀传统文化的文化艺术成就。

第一节　中华优秀传统文化的思想成就

中华优秀传统文化是中华文明成果根本的创造力，是民族历史上道德传承、各种文化思想、精神观念形态的总体。

一、儒家思想

儒家思想是中国传统文化的主体，对中华民族乃至世界的发展产生过深远的影响。但儒家思想的主体地位并不是一开始就有的，它的形成、发展、兴盛和衰落反映着历史发展的规律，与中国封建社会的兴亡息息相关。

（一）儒家的产生

探讨儒学的产生和发展，首先要讨论儒的问题。究竟什么是儒，对此我们可以大体进行一下考证。

东汉许慎云："儒，柔也，术士之称。从人需声。"①

东汉郑玄注曰："《儒行》者，以其记有道德者所行也。儒之言优也，柔也。能安人，能服人。又儒者，濡也，以先王之道能濡其身。"②

西汉杨雄云："通天地人曰儒。通天地而不通人曰伎。"③

---

① （东汉）许慎．说文解字[M]．北京：线装书局，2016．

② 王书良，等．中国文化精华全集：哲学卷[M]．北京：中国国际广播出版社，1992．

③ 潘万木．简明中国传统文化[M]．武汉：华中科技大学出版社，2014．

我们从以上关于“儒”的记载和训诂可以看出，无论解释为柔、优还是儒，儒都是一种具有特殊行为方式或品格倾向的人。这种人最初是与“方士”“伎”联系在一起的。儒的产生是早于儒家学派的，而且儒家学派建立之后，也有些方士虽不是儒者却照样称儒。那么，儒作为一类人，究竟是怎样出现的，不同学者有不同看法。胡适认为，儒最初是殷民族的教士；冯友兰认为儒不与殷民族有关；郭沫若则说，儒本来是邹鲁之士缙绅先生们的专号。总之，最初的儒应是一些有知识、懂礼仪、具有独立人格的知识分子，他们在春秋战国奴隶制度土崩瓦解的过程中发展成为一个特殊群体，凭借自身的知识，依托于各诸侯、大夫为生计。

现代意义上的儒是在孔子建立儒家学派以后产生的。儒家作为一个独立的学派，在《史记》中始有评论。《史记·太史公自序》载：“儒者博而寡要，劳而少功，是以其事难尽从；然其序君臣、父子之礼，列夫妇、长幼之别，不可易也。”“夫儒者以六艺为法，六艺经传以千万数，累世不能通其学，当年不能究其礼，故曰，博而寡要，劳而少功；若夫列君臣、父子之礼，序夫妇、长幼之别，虽百家弗能易也。”①

后来班固在《汉书》中又把儒家列为诸子之首，言曰：“儒家者流，盖出于司徒之官，助人君顺阴阳明教化者也。游文于六经之中，留意于仁义之际，祖述尧舜，宪章文武，宗师仲尼，以重其言，于道最为高。”②这段话全面说明了儒家学派的来历、宗旨、始祖、宗师、经典及影响。

（二）孔子及其思想

1．孔子的家世与生平

孔子，名丘，字仲尼，春秋鲁昌平乡陬邑（今山东曲阜东南）人。

生于鲁襄公二十二年（公元前551年，周灵王二十一年），卒于鲁哀公十六年（公元前479年，周敬王四十一年），享年73岁。

孔子的先人，为宋国贵族，是殷商后代，时人孟釐子曾说：“孔丘圣人之后，灭于宋。”目服虔曰：“圣人，谓商汤。”③杜预曰：“孔子六世祖孔父嘉为宋华督所杀，其子奔鲁也。”。始居鲁者，为孔子五世祖。孔父嘉之前为史籍所称道尚有二

① 王宁．史记[M]．北京：商务印书馆，2018．

② 张文治．国学治要[M]．北京：北京理工大学出版社，2014．

③ 王宁．史记[M]．北京：商务印书馆，2018．

人：十世祖弗父何，本宋愍公长子，当继嗣有国，以让国于弟宋厉公，声誉大振，世为宋大夫：七世祖正考父，佐宋之戴、武、宣三公，愈受命而愈恭谨。故考父庙之鼎铭云："一命而偻，再命而伛，三命而俯，循墙而走，亦莫敢余侮。"① 及居鲁后，孔子之父叔梁纥曾以战功显，因先妻所生九人皆女，妾生子孟皮又有足疾，故晚年乃娶颜氏女徽在为妻，而生孔子。叔梁纥与微在年龄悬殊，婚时纥或在 64 岁之后，有违于礼仪，故《史记》称"纥与颜氏女野合而生孔子。"

孔子生三岁叔梁纥死，自幼全靠母徽在抚育教养。"孔子为儿嬉戏，常陈俎、豆，设礼容。"② 孔子自言，吾少也贱，故多能鄙事。在孤儿寡母的艰辛生活中，孔子奋力自学的情景是不难想象的。"吾十有五而志于学"，17 岁时就颇以"知礼"而闻名，是年，鲁大夫孟釐子将死，即告诫其子："今孔丘年少好礼，……若必师之。"③ 一说此事当在孔子 24 岁之时，其时，孔子母亲亦死，尚未弱冠的孔子便开始了独立谋生的生活。"及长，尝为季氏史（吏），料量平：尝以司职吏而畜蕃息。"此即《孟子》所讲"委吏"与"乘田"，为季氏管理仓库账目与牛羊。大约自此之后，孔子曾去鲁，至齐逐乎宋、卫，困于陈蔡之闲，于是反鲁，适周问礼等，一直到孔子 50 岁。由于史传记载甚少，难以确系其事。鲁定公九年，孔子 51 岁，"定公以孔子为中都宰（中都县长）；一年，四方皆则之。由中都宰为司空，由司空为大司寇。"④ 定公十年，孔子参与了齐鲁的"夹谷之会"，表现出了相当的胆识与外交才能。十三年夏，孔子提出"臣无藏甲，大夫毋百雉之城"的建议，并策划实施"堕三都"的活动。"定公十四年，孔子年五十六，由大司寇行摄相事""与闻国政三月，粥羔豚者弗饰贾，男女行者别于涂，涂不拾遗"，⑤ 由于"堕三都"受阻，内政已颇有危机，又值齐国以"女乐文马"腐蚀鲁国国君，使鲁君"往观终日，怠于政事"。既然道不得行，孔子只好出走，周游列国，开始了长达 14 年的游荡生活。孔子之去鲁凡十四岁而反乎鲁，然鲁终不能用孔子，孔子亦不求仕。此后，孔子即把主要精力用于古代典籍的整理工作，直至终老。

---

① 王宁．史记 [M]. 北京：商务印书馆，2018.

② 王宁．史记 [M]. 北京：商务印书馆，2018.

③ 同上。

④ 同上。

⑤ 同上。

2. 孔子思想体系的核心——“仁”

孔子之所以成为中国儒家学派的奠基人，是因为儒家学派以其思想体系为奠基。也就是说，儒家学派的一系列思想学说均以孔子的思想学说为根基和源头。孔子既开创了儒家学派，又是儒学的第一位大师，是“儒之所至”或“至圣”；而后世儒者，多数不能直接受教于孔子，其间私教传承的纽带就是思想学说的联系。

仁，是孔子及儒家思想学说最基本的范畴之一。近代多数学者认为，孔子思想体系的核心就是仁，这是符合实际的。《吕氏春秋·不二》篇曾以一字列举春秋战国时期十家之所贵，其中孔子即为“贵仁”。《庄子·天道》载老聃问孔子学说之“要”，孔子答曰：“要在仁义。”《尸子·广泽》言“孔子贵公”，“公”字所指，亦为人际关系的平等，无偏无私，实亦“仁”也。说孔子思想体系的核心是仁，表明孔子思想的各个组成部分正是环绕“仁”而形成一个整体。

“仁”字在《论语》中出现百次以上，其含义宽泛而多变。每一次仁的用法和用意都各有不同，但从整体上来看，孔子的仁学思想是一个由近及远的四重结构，而这四重结构又互有交叉渗透。孔子的仁学思想在中国传统文化中处于极其重要的地位。孔子仁学的核心，即其第一重结构是以血缘亲情为基础、以等级为特征的。孔子仁学的第二重结构是血缘亲情推广开来的广泛的爱。孔子仁学的第三重结构是“仁”，由道德感转化为一种品德或性格。由于时时刻刻受“仁”的思想的影响，人就会形成独特的品德或性格。孔子仁学的第四重结构是一种理想境界。在这种境界里，“仁”与人的生命融为一体。在“仁”的精神的鼓舞下，人可以孜孜不倦地去追求自己的理想，不计得失成败，不计安危荣辱，由仁而圣，达到极高的生命境界。

（三）董仲舒及其思想

1. 董仲舒的生平

董仲舒，西汉时期广川（今河北枣强县东北广川镇）人。据清人苏舆推算，董仲舒约生于汉文帝前元年（公元前 179 年），卒于汉武帝太初元年（公元前 104 年）。“少治《春秋》，孝景时为博士。下帷讲诵，弟子传以久次相授业，或莫见其面。盖三年不窥园。”[①] 董仲舒治学，精思一，志无他顾。故菜园虽在门庭，亦

① 齐豫生，夏于全．中国古典文学宝库 [M]. 延吉：延边人民出版社，1999.

无暇窥视。或曰，仲舒尝乘马，而不觉其牝牡，亦言其志在经书。此人品格，亦很受称道："进退容止，非礼不行，学士皆师尊之。"[①] 武帝即位，举贤良文学之士，"天子以为江都相，事易王。"易王虽骄悍好勇，董仲舒亦能"以礼谊匡正，王敬重焉"。[②] 董仲舒治国，主张以《春秋》灾异之变推阴阳所以错行，从而采取相应的措施。时有辽东高庙、长陵高园殿灾，董仲舒以为这是上天对当政者的谴告，并由此推说当杀亲近权贵以自省。说刚草具，被主父偃偷而上奏，几乎招致杀身之祸。由是董仲舒不敢再说灾异。与董仲舒并世的公孙弘亦治《春秋》，其学不如董仲舒，却以曲阿逢迎之术，位至公卿。董仲舒为人廉直，声望益高，公孙弘嫉妒他，欲加害。武帝之兄胶西王刘端为人纵恣暴戾，曾数害大臣，弘乃荐"独董仲舒可使相交西王"。幸刘端亦知董仲舒为当世大儒，竟"善待之"。董仲舒亦恐时久获罪，乃称病免归。居家始终不问产业，专以修学著书为事。朝廷或有大议，尝使就其家而问之。后董仲舒终老于家。

《春秋繁露》本传言："仲舒所著，皆明经术之意，及上书条教，凡百二十三篇。而说《春秋》事得失，《闻举》《玉杯》《蕃露》《清明》《竹林》之书，复数十篇，十余万言，皆传于后世。"[③] 依此，则《春秋》诸说当在"百二十三篇"之外。又《汉书·艺文志》载，《诸子略》儒家类有"《董仲舒》百二十三篇"，《春秋》类有"《公羊董仲舒治狱》十六篇"。至《隋书·经籍志》，始于《春秋》类著录"《春秋繁露》十七卷""《春秋决事》十卷"。今存者，仅《春秋繁露》十七卷八十二篇。另有本传中之"天人三策"，及《汉书》《食货志》《五行志》中所引董仲舒疏奏之片段。对于"繁露"二字何解，南宋《中兴馆阁书目》曾言："繁露之名，先儒未有释者。案《逸周书·王会解》：'天子南面立，絻无繁露。'注云：'繁露，絻之所垂也。'有连贯之象。《春秋》属辞比事，仲舒立名，或取诸此。"[④] 董仲舒的主要思想观点均见于此书及"天人三策"等文字中。

2．天人感应学说

天人感应学说是一种以天为主宰的天人合一论。这既是董仲舒思想的核心，也是西汉今文经学的主导观点。概其要，可分为三点：人本于天，天主宰人；天

① 齐豫生，夏于全．中国古典文学宝库[M]．延吉：延边人民出版社，1999．
② 同上。
③ 张大生．话说中国文明史：第2卷[M]．北京：中国和平出版社，2007．
④ 赵传仁，鲍延毅，葛增福．中国书名释义大辞典[M]．济南：山东友谊出版社，2007．

有意志，能以“灾害”“怪异”谴告、警惧人事；君权神授，这一思想为前者推之于王朝更替的必然结论。

二、道家思想

道家思想在中国传统文化中占有重要地位，发挥过重要作用。道家思想包含两个重要部分，其一是以老子、庄子为代表的道家学派及其思想；其二是尊崇老子为尊神的“道教”思想。这二者之间既有联系，又有根本性的差别，共同构成了道家思想。

道家思想源远流长，但道家作为诸子百家之一的学术流派，产生于春秋战国时期。在这一时期，中国社会的生产力发展水平、政治制度及阶级关系都发生了显著变化。诸侯争霸，群雄并起，阶级矛盾日益尖锐，思想斗争也无比激烈，正是在这种情况下，道家学派应运而生。道家学派的创始人是老子，他也是后世道教尊奉的尊神。

（一）老子及其思想

1. 老子的生平

在学术界，人们对于老子是道家学派的创始人早已达成共识，但对于老子究竟是什么样的人，以及《老子》一书成于何时，历来众说纷纭，莫衷一是。关于老子，记载最多的是《史记》，其文曰：“老子者，楚苦县厉乡曲仁里人，姓李氏，名耳，字聃，周守藏室之史也。孔子适周，将问礼于老子。老子曰：‘子所言者，其人与骨皆已朽矣，独其言在耳。且君子得其时则驾，不得其时则蓬累而行。吾闻之，良贾深藏若虚，君子盛德，容貌若愚。去子之骄气与多欲，态色与淫志，是皆无益于子之身。吾所以告子，如是而已。’孔子去，谓弟曰：‘鸟，吾知其能飞；鱼，吾知其能游；兽，吾知其能走。走者可以为罔，游者可以为纶，飞者可以为赠。至于龙，吾不能知，其乘风云而上天？吾今日见老子，其犹龙邪！’老子修道德，其学以自隐无名为务。居周久之，见周之衰，乃遂去。至关，关令尹喜曰：‘子将隐矣，强为我著书。’于是老子乃著书上下篇，言道德之意五千余言，而去，莫知其所终。或曰，老莱子亦楚人也，著书十五篇，言道家之用，与孔子同时云。盖老子百有六十余岁，或言二百余岁，以其修道而养寿也。自孔子死之后百二十九年，而史记周太史儋见秦献公曰：‘始秦与周合，合五百岁而离，离七十岁而霸王者出焉。’或曰儋即老子，或曰非也，世莫知其然否。老子，隐君子也。老子之子名宗，宗为魏将，封于段干。宗子注，注子宫，宫玄孙假，假仕于汉孝文帝。而假之子解为胶西王卬太傅，因家于齐焉。世之学老子者则绌儒学，儒学亦绌老子。‘道不同不相为谋’，岂谓是邪？李耳无为自化，清静自正。”[①]

《史记》关于老子就给出了好几种说法，可见老子的确切情况当时已无法考证。今参照《史记》考证与其他文献，一般以为老子就是老聃。儒家经典《礼记·曾子问》曾四次记载孔子向老子求学问礼。其中一则是有关“葬礼遇日食”的经过：孔子曰：“昔者吾从老聊助葬于桂党，及垣，日有食之。老聃曰：‘丘！止柩，就道右，止哭以听变。’”[②]此外，《庄子》之《天道》《天运》《田子方》都记载了孔子求教于老聃之事。而《天道》从上下文贯通来看，肯定老聃就是老子。《天地》《知北游》亦记载有孔子、老子的问答。此外，《吕氏春秋·当染》亦云“孔子学于老聃……”由此来看，老子就是老聃的证据是充分的。

老子的著作《老子》又称《道德经》，书虽仅五千余言，但博大精深，上篇三十七章称“道篇”，集中阐述了道的问题；下篇四十四章称“德篇”，围绕德的问题展开论述。老子《道德经》阐发了宇宙的起源、世界的存在方式、事物的发展规律、社会的种种矛盾及其解决方法等。古往今来对《老子》一书仁者见仁，智者见智，各得其妙用。注《老子》之书更是数不胜数，足见老子思想的深邃精奥。

2．老子的哲学思想

在我国古代哲学史上，有关老子哲学思想的经典著作——《老子》享有开山祖的重要地位。它的卓越贡献，是把“道”作为哲学的最高范畴。“道”，在我国古代最初用于表示人的路。《说文》云：“道，所行道也。从是，从首。一达谓之道。”[③]这就是说，“道”的本义是“人行走的道路。”后来被引申为道理、方法、原则。随着社会的发展，人们又把具有道理、方法、原则等含义的“道”，同天、地、人联系起来，从而产生了天道、地道、人道等概念。在此基础上进一步升华，产生了《老子》所说的“道”。这个“道”，既不同于平常说的道理、方法、原则等概念，也不同于天道、地道、人道等范畴，它是《老子》哲学的最高范畴，天

① 齐豫生，夏于全．中国古典文学宝库[M]．延吉：延边人民出版社，1999．

② 刘维．大学人文教程[M]．武汉：长江出版传媒崇文书局，2017．

③（东汉）许慎．说文解字注[M]．段玉裁，注．上海：上海古籍出版社，1981．

道、地道、人道等，最终都要服从于“道”。《老子》说：“人法地，地法天，天法道，道法自然。”人、地、天都要效法“道”。“道”，则是自己如此，自然而然。因此，“道”在《老子》的哲学体系中高于一切、决定一切、推动一切。“道”含有如下两层意思：一是作为生育万物的本体；二是作为事物运动变化的规律。《老子》的哲学就是围绕这两重属性而展开，并构成自己的完整体系。

（二）庄子及其思想

1. 庄子的生平

庄子名周，蒙（今河南商丘东北）人也，做过蒙地的漆园吏。蒙地在春秋和战国前期属宋，战国后期属梁。庄周之生卒年月已不可详考，《史记》称其与梁惠王、齐宣王同时。据马叙伦《庄子年表》及其他史料考证，庄子约生于公元前369年（梁惠王二年），卒于公元前286年（魏昭王十年）。关于庄子的生平事迹，史籍记载甚少。《史记·老子韩非列传》记述了有关庄子生平的一些片段，结合其他资料，大致情况如下。

庄子的生活十分艰苦。《外物》说庄子家贫，故往贷粟于监河侯。《列御寇》中说他是一位“处穷闾阨巷，困窘织屦，槁项黄馘”①的人，意思是其生活十分穷困，靠编织草鞋为生，有时还向别人借贷。《山本》说庄子与国君相会，却穿着补过的粗布大衫，脚上系着草鞋，这也说明他很穷困。

庄子不愿做官。《史记》本传谓楚王遣使臣请庄子去楚国为卿相，被他拒绝了。《列御寇》也说：“或聘于庄子。庄子应其使曰：‘子见夫牺牛乎？衣以文绣，食以刍叔，及其牵而入于大庙，虽欲为孤犊，其可得乎？’”②表现出庄子远祸全身、无官自轻的思想倾向。又《秋水》说：“惠子相梁，庄子往见之。或谓惠子曰：‘庄子来，欲代子相。’于是惠子恐，搜于国中三日三夜。庄子往见之，曰：‘南方有鸟，其名鹓雏，子知之乎？夫鹓雏发于南海，而飞于北海，非梧桐不止，非练实不食，非醴泉不饮。’于是鸱得腐鼠，鹓雏过之，仰而视之曰：‘吓！’今子欲以子之梁国而吓我邪？”③这虽是一个寓言，但也可说明庄周厌弃政治，在他眼中，梁国的相位不过是一只发臭的死鼠，贪恋相位的惠施则是一只令人讨厌的鸱鸟。

① 郭超，夏于全．诸子百家[M]．济南：明天出版社，1999．

② 同上。

③ 徐师品．中华经典诗文诵读：第2卷[M]．济南：山东友谊出版社，2015．

庄子对生死比较超脱。《列御寇》写道："庄子将死，弟子欲厚葬之。庄子曰：'吾以天地为棺椁，以日月为连璧，星辰为珠玑，万物为赍送。吾葬具岂不备邪？何以如此！'弟子曰：'吾恐乌鸢之食夫子也。'庄子曰：'在上为乌鸢食，在下为蝼蚁食，夺彼与此，何其偏也！'"[①]意思是说，让天上的乌鸦和地上的老鼠、蝼蚁都来吃吧，何必厚此薄彼，那不是太偏心吗？

2. 庄子的哲学思想

《庄子》一书是研究庄子学派思想的基本依据。《庄子》同《老于》一样，把"道"作为世间万物的本源。它说："夫道有情有信，无为无形；可传而不可受，可得而不可见。自本自根，未有天地，自古而存；神鬼神帝，生天生地。在太极之先而不为高，在六极之下而不为深，先天地生而不为久，长于上古而不为老。"[②]这段话明确告诉我们，"道"虽然不能为人的感受所感知，但它确实是一种"自古以固存"的客观实体，它不仅能"神鬼神帝"，而且能"生天生地"。可见，"道"是世间万物的本源。

那么《庄子》的"道"究竟是物质的还是精神的？对于这个问题，《庄子》中有互相矛盾的两种见解。

《则阳》说："是故天地者，形之大者也；阴阳者，气之大者也，道者谓之公。"[③]这就是说，所谓道，就是指天地、阴阳的共性，这个共性不是别的东西，而是阴阳之"气"，故曰"通天下一气耳"。在庄子看来，万物之化生，无非是阴阳二气相交的结果。毫无疑义，这个"道"（气）是万物的本源。

但是，这一观点在《庄子》中并没有贯穿到底。它在承认"气"是万物本源的同时，又提出了一种"无有"的概念。《天地》说："泰初有无，无有无名；一之所起，有一而未形。物得以生，谓之德；未形者有分，且然无间，谓之命；流动而生物，物成生理，谓之形；形体保神，各有仪则，谓之性。"[④]

《庄子》中的"道"，除了有"本体"的含义，还被视为存在于物中的客观法则。这表现在他阐述的道物关系中。

从"道"与"物"的关系来看，《庄子》始终没有把"道"独立于物质世界之外，

① 郭超，夏于全．诸子百家[M]. 济南：明天出版社，1999.

② 杨东莼．杨东莼文集[M]. 武汉：华中师范大学出版社，2014.

③ 徐寒．中华私家藏书精华[M]. 北京：中华书店，2009.

④ 王光军，刘阳．四库全书精华[M]. 乌鲁木齐：新疆青少年出版社，2002.

而是肯定道不离物。《庄子》的“道”，是与帝王、日、星辰等社会、自然现象密切联系在一起的，并且是贯穿和渗透于万物流动变化之中的。

总的来说，《庄子》把“道”看作世界万物的本源或固有规律，这是对《老子》“知常”思想的继承和发挥。它表明道家已经意识到，客观世界有其固有规律可循，只要我们认真探索，便可以顺应天道，获得改造客观世界的应有成效。这正是道家探索自然的根本目的。

三、墨家思想

（一）墨子的生平

墨子名翟，战国时期鲁国人，著名的思想家、哲学家，墨家学派的创始人。墨子最初学习过儒家思想，但是因为对于儒家所讲的“礼”不厌其烦，所以才自立门户创造了墨家学派。墨子生于公元前468年前后，卒于公元前376年前后，是中国先秦时期唯一一个农民出身的哲学家、思想家，自称“鄙人”，被人称为“布衣之士”，其思想理论在当时产生了十分重大的社会效应。墨子不仅是一位出色的哲学家、思想家，而且对自然科学的发展做出了非常大的贡献。墨子对物理学很有研究，《墨子》一书中有很多物理学概念，定义准确、言简意赅，是我国早期物理学研究的典范。另外，墨子还对物理学的分支有一定的研究，如力学、声学、光学等。

（二）墨子的哲学思想

墨子有兼爱、非攻、尚贤、尚同、节葬、节用、天志、明鬼、非乐、非命十大主张，与儒家并称“显学”。墨子高扬“兼相爱、交相利”的宗旨，推行贤良主政，国止礼制时天下为之的精神，游说诸王公大人实行义政，放弃攻伐，崇尚节俭，足迹遍及齐、晋、楚、越。

1. 墨子的社会政治观

“兼爱”是墨子整个思想体系的核心，它贯穿于墨子整个理论学说与实践活动的始终。墨子心目中的理想社会便是一个兼爱人人、民主平等的人间天堂。墨子学说的宗旨是为天下兴利除害，因此他提出“兼以易别”，即用“兼”代替“别”：主张“兼相爱，交相利”取代“别相恶，交相贼”。“兼爱”就是不分血缘关系和等级身份普遍平等的爱。“互利”则是在相爱中互惠互利，而不是“亏人而自利”，用“交相利”代替“交相贼”和“亏人而自利”，就可以消除天下的一切混乱与灾祸。“交相利”则是体现在“兼相爱”之中的，是“兼相爱”的题中应有之义。因此，后人在概括墨子的社会政治思想时，经常只用“兼爱”二字。“兼爱”是如何得以实行的呢？墨子主张“视人之国，若视其国；视人之家，若视其家；视人之身，若视其身”，即要求每个人从思想上抹去与他人之间的差别和冲突，把他人的国、家、身当作自己的国、家、身一样去尊重和爱惜；把他人的桃李、狗豕、食粮、衣裘当作自己的桃李、狗豕、食粮、衣裘一样去爱护；把他人的父母、兄弟、妻子、儿女等当作自己的父母、兄弟、妻子、儿女等一样去亲爱。如果能够做到这些，那么天下的一切“祸篡怨恨”便会在这“兼相爱，交相利”中烟消云散。

2．墨子的军事思想

墨家的军事思想以“兼爱”“非攻”为理论基础，其“兼相爱，交和利”的社会政治观与墨家的“贵义”思想相通：人与人之间相爱，国与国之间也相爱；“兼爱”才能“相利”；义者，利也。故《墨子·非攻》篇大讲，攻国是亏人之最大不义。《非攻上》开篇尖锐地指出：“今有一人，入人园圃，窃其桃李，众闻则非之，上为政者得则罚之。此何也？以亏人自利也。至攘人犬豕鸡豚者，其不义，又甚入人园圃窃桃李。是何故也？以亏人愈多，其不仁兹甚，罪益厚。……当此天下之君对子皆知而非之，谓之不义。今至大为攻国，则弗知非，从而誉之，谓之义。此可谓知义与不义之别乎？……杀百人，百重不义，必有百死罪矣，当此天下之君子皆知而非之，谓之不义。今至大为不义攻国，则弗知作，从而誉之，谓之义。”[①] 在这里，墨子不仅认为盗窃是不义，而且明确地指出“攻国”是为大不义。

相对于当时其他学派的战争理论，墨家的“兼爱”“非攻”是一种比较全面系统的战争论，在实践上具有进步意义。

首先，墨家的“非攻”理论是为了维护人民的利益，是针对“好攻之君”的国家提出来的。特别是齐、晋、楚、越诸国之君，为了扩张领土、兼并小国，使劳动人民生活悲惨穷困，故墨子曰：“我非以金玉、子女、壤地为不足也，我欲以

① 齐豫生，夏于全．中国古典文学宝库[M]．延吉：延边人民出版社，1999．

义名立于天下，以德求诸侯也。”[①] 这里充分表明，墨家主张“兼爱”“非攻”战争观的根本目的，就是维护人民的利益，不是论战争而战争。

其次，墨家的“兼爱”“非攻”与儒家的“慎战”有所不同：儒家对战争性质的区分，以是否“犯上”为标准，如属“犯上”行为，就予以“征伐”；墨家对战争性质的区分，以是否正义为标准，即以劳动人民的利益是否受损害为标准。与老子“不争”的战争观相比，墨家的战争观高于老子的战争观，属于全面性战争观。法家对战争的主张，虽然强调按照社会经济的“势”与“数”的变化，研究其对应政策，但把战争看作推动社会历史变化的源泉，故主张“以战去战，虽战可也”，具有一定的片面性。孙武的战争论虽为古今中外兵家所奉仰，其哲学层面也丰富深刻，但从战争论之政治层面的具体性、针对性来看，并不如墨家鲜明。因此，我们认为，墨家“兼爱”“非攻”的战争论是比较全面系统的战争观。特别是在实践性方面，对维护劳动人民的根本利益，促进当时社会经济的发展、改善政治制度，具有积极的历史意义。

第二节　中华优秀传统文化的科学成就

本节讲到的科学仅指自然科学，是人们对于自然现象及其规律的认识体系，通常包括数学、物理、化学、天文学、地理学、农学、医学等；技术一般指人们赖以生产生活的工具、手段，以及在实践中积累的经验等，可分为纺织、陶瓷、冶金、印刷、造纸、机械等部门。科技是文化的重要组成部分，是推动文化发展最重要的力量。中国古代科技文化是中国古代人民在古老中国这样一个独一无二的社会环境中，开创出的一种文化，是具有中华民族特色的文化。中国古代很早就有了科技的萌芽，古代科技经历了孕育、发展、鼎盛、停滞、转型等阶段，时间跨度很大，历史悠久。从原始社会到商周时期，是中国古代科技孕育、萌芽、产生的阶段。

① 齐豫生，夏于全．中国古典文学宝库[M]．延吉：延边人民出版社，1999．

一、中国古代科学技术的流变

（一）中国古代科学技术的产生

1. 中国古代科技的孕育萌芽

我国原始社会时期是指距今约一百八十万年前到公元前二十一世纪这段漫长岁月。这段时期的科技发展虽无直接记载，但利用后世文献、考古发现等进行考证，仍可一窥当时的科技水平。我国目前发现的最早的石器是西侯度文化时期的石器，距今约一百八十万年，证明至从那时起，我国先民就已经掌握了石器制造技术。距今约一百七十万年的元谋人还掌握了取火技术，这是我国先民支配的第一种生产力，在中国文明发展史上具有非凡的意义。距今约两万八千年的原始人还发明了石镞，这不仅表明当时我国先民已经有较强的生存能力，而且在制造工具方面也具有了丰富的经验和较高的技能。

约一万年前，我国进入了新石器时代。此时，先民们发展了原始的耕作技术和动物驯养技术，同时，出现了制陶、纺织等原始手工业。在约六千年前的半坡文化时期，制陶工艺已经相当成熟，出现了彩陶。原始纺织技术是由最初的手工编网编席演进而来的。这个阶段还发明了养蚕制丝技术。另外，据考证，新石器时代的古人已经学会建造干栏式房屋、制造原始舟车等。这一阶段的原始先民，已经掌握了很多必要的生产技术，而且也开始形成了对自然界规律性的认识。如新石器时代中期，他们已经开始观测天象，并据此定方位、定时间、定四季；传说黄帝时期已经产生了最早的历法等。

我国的中医学此时也开始萌芽，“神农尝百草，日遇七十二毒”，正是原始先民们医药学知识萌芽的生动写照。在最早期的医药学知识形成和探索阶段，先民们渐渐积累了一些关于植物的药用知识；此外，还通过渔猎、畜牧和工具制造，积累了动物药、矿物药知识。这一时期的人们已经学会了制造刺激身体病痛处所用的砭石，这是针灸的起源。

2. 中国古代科技的初步产生

在夏、商、周这一时代，人们已经进入了奴隶社会，这一时代是上古科学技术真正出现的时代。在夏商周三个时期，除了农业和各类手工业技术得到了史无前例的迅速发展，更主要的是，在社会财富不断增长的同时，社会形态也发生了很大的改变，既有奴隶主阶级，也有专业的脑力劳动者。另外，在此期间，文字的出现，使得科学脱离了生产方式，走向了独立的发展之路。商周之际，人的作用开始得到广泛重视，这对推动中国古代科技的发展起着非常重要的作用。

夏朝科技的特征是由石器、陶器向青铜器过渡，农业生产有了相当的发展。夏朝科学发展的最大成就是出现了《夏小历》，确立了以正月为岁首的历法，标志着我国发达历法系统的开始，同时也表明天文学的开端。

殷商虽然崇尚迷信，但在科技上仍然取得了不少成果。始于夏朝的青铜器制造技术达到了高峰，出现了大量的青铜武器、酒器和礼器，青铜最主要的用途是制造礼器，如祭祀用具等，著名的司母戊大方鼎，是迄今发现最大的商代铜器，其反映了那个时代的青铜铸造水平。商朝因此被称为“青铜时代”。到商后期，人们还学会了开发、利用铁。商朝还开始集中专门人才教育贵族子弟，并从事学术研究，从而使科学取得了较快的发展。商代天文学家已经开始系统地观测和记录天文现象和气象，并在世界上最早记录了一颗超新星。商人将夏朝的天干纪日法发展为干支纪日法，将夏历发展成为阴阳合历的殷历。十进制记数法也于此时出现，人们已经有了奇数、偶数、倍数等概念。

周朝依然属于青铜时代，但青铜冶铸技术和规模已经有了大幅提高。人们利用、改造自然的能力进一步增强，其突出表现是铁器的使用。《左传·昭公二十九年》首次提到“铁”。至今考古发现的最早的铁，被断定为公元前 1000 年到前 400 年间的产物。农业此时已经成为社会经济中最重要的生产部门，中国古代社会农业型的特点开始形成。手工业种类增多，分工更细，规模扩大，已号称“百工”。科学领域发展最快的是天文学和医学。这一时期建立了我国第一个观星台，当时有大批天文学家长期在此观测天象，取得了颇多新的成果。医学也经历了革命性的变化，此前长期巫医不分的现象得到改善，出现了专职医生，并建立了最早的医事制度。此前一直服务于天文学的数学也成为独立的学科，西周数学家已能够用算筹进行简单的四则运算，并将它用在土方工程计算等生产实践活动中。

在科学精神方面，周朝更多地认识到了人的作用，提出了“天靡有常”“敬德保民”等思想，反映出周人理论思维的进步，同时也表明人们正从有神论的宗教观向哲学的自然观过渡，对科学的发展产生了深远的影响。

（二）中国古代科技的发展

从春秋战国到宋元时期是中国古代科技不断发展的阶段。

1. 中国古代科技发展的第一个高峰期

中国历史上最早的一次科学技术的发展，是在春秋战国时期。由封建到奴隶制的重大变化，使得知识分子成为一个“士”的独立阶级，这一时期，学术思潮空前活跃，百家争鸣，这使得中国的科学技术和文化有了新的发展空间。诸子百家中的儒家“重政轻技”，道家“重道轻器”，对中国古代科技的全面发展都产生了不良影响。墨家文化对科技发展起到了推动作用：墨家创始人墨子本人即是科学家和高级工匠，墨家经典《墨经》中也颇多科学思想和知识，讲求实证，形成了初步的“实验—逻辑”型科学认识模式。墨学曾一度与儒学并称为“显学”，可惜后来的“罢黜百家，独尊儒学”，给中国古代科技的发展造成了不可估量的损失。

春秋战国时期，科技取得了较大发展，其主要标志是冶铁技术的大幅度提高、铁制工具的广泛使用；天文学的繁荣发展和大量科技书籍的出现。

与其他文明古国相比，我国对铁的认识和使用都开始得较晚，但冶铁技术发展较快。

春秋战国时期，已广泛用铁制造生产工具。冶铁技术已达到较高水平，掌握了生铁冶铸、块炼铁渗碳钢、生铁经热处理柔化等技术，使我国在钢铁产量和质量方面远远超过其他文明古国，从而进入了铁器时代。此时出现了都江堰、郑国渠等出色的工程，标志着我国在工程设计和施工技术方面已经相当成熟；司南最迟也已经于战国后期出现。春秋末年出现的《考工记》记述了 30 多项手工业生产的设计规范、制造工艺等技术问题。天文学开始由原始的定性描述向定量化发展，《石氏星经》中出现了最早的恒星表；产生了古四分历，将年确定为 365.25 天，是当时世界上最精确的数值，标志着我国历法进入了较成熟的阶段。由于农业、手工业、各种工程和天文学提出的计算需要，数学也进一步发展起来，十进位值制和筹算制不断完善，为后世计算数学体系的形成打下了基础；标志着中国特色数学体系大致形成的《周髀算经》也大约成稿于此时；《墨经》已基本正确地定义了平、直、圆等概念，对点、线、面、体等概念也给予了说明，并且还有了类似于极限的概念，这些几何思想在中国是极为难得的。这一时期，中国古代的医学传统也基本形成，《黄帝内经》约于战国晚期成书，奠定了中医学的理论基础。此时出现了新兴学科物理学和地理学。墨子及其弟子对光学和力学做了一定的研究，出现了《山海经》《尚书·禹贡》《管子·地员》等地理学著作。

2. 中国古代科技迅速发展时期

国家的大一统是在秦汉两个时期完成的，这个时候形成的中央集权政治制度，同时也成为生产力迅速发展的条件，使中国古代科技以不断加速的态势向前发展，开始领先于其他文明古国。

最先表现出来的是在武器和农具材质上的更换，这项技术就是冶铁术的成熟，这个时候基本完成了铁制工具代替铜制工具的转变，同时还发明了一种新的钢铁冶炼方法，这种技术的出现和普及，使钢铁冶炼发生了很大的变化，比欧洲早了约 1 900 多年。秦汉重视农业技术的推广和交流，赵过曾推广牛耕和代田法；蔡伦改进了造纸术；炼丹术的发展促进了化学知识的丰富；万里长城和汉长安城的修筑展现了建筑技术的高超水平；丝绸之路的开辟表明我国丝织技术已经领先世界，交通技术也已达到较高水平；科学方面的最大成就是农、医、天、算四大传统学科的成熟。汉朝农耕技术趋于成熟，出现了《氾胜之书》等农书，标志着农业技术已经发展到了创立农学的阶段。医学在临床实践和理论总结方面都取得了很大成就，现在保存下来的第一部药物学著作是《神农本草经》；奠定了传统中医辨证施治理论基础的是有关论述伤寒一类急性传染病的《伤寒杂病论》，这是由医圣张仲景撰写的；华佗发明了最早的麻醉药“麻沸散”。天文学取得了新的成就，在宇宙理论方面，除了最早的盖天说，又出现了浑天说和宣夜说；天象观察也取得了丰硕的成果，最早准确记载了太阳黑子现象，发现了新星；历法制定上，最早提出了以没有中气（即雨水、春分等十二节气）的月份为闰月；天文仪器制造方面，出现了第一架地震仪——张衡的地动仪。数学取得的最大成就是整理了此前流传的数学著作，也就是《九章算术》这本以算筹为计算工具的第一部传世数学专著，同时它的出现也标志着有中国特色的古代数学体系的形成。魏晋南北朝动荡的社会现实给精神发展带来了自由的空间，文化呈现出多元化的发展特点。战乱年代武器制造技术的发展促进了机械制造技术的进一步精巧化，三国时魏人马钧改造东汉翻车为龙骨水车，成为水泵发明前最先进的提水工具。北魏时贾思勰的《齐民要术》是我国现存的第一部完整的传统农学著作。道教炼丹术的蓬勃发展推动了化学和医学的进步，葛洪和陶弘景不仅是道士，也是著名医药学家，他们都有医学著作流传于世。这一时期出现的数学著作也较多，一部分被收入《算经十种》流传至今；还出现了刘徽、祖冲之父子这样的大数学家，取得了诸如计算出当时最精确的圆周率等伟大成就。地理学方面，裴秀提出了“制图六体”的地图绘制理论，出现了郦道元的《水经注》。这一时期科技发展最重要的特征是对非实用性科技的关注，如对数学的研究等。

3．中国古代科技发展的高度成熟时期

隋唐到宋元是我国古代科技空前发展和高度成熟的时期，宋元时期更是达到了我国科技发展的鼎盛阶段。隋朝虽短，却给后人留下了至今仍可引为自豪的赵州桥和京杭大运河，二者标志着我国古代建筑和水利工程技术的发展成就。隋唐五代形成了以陶瓷、纺织、建筑为主体的技术体系，著名的丝绸之路、绚丽的唐三彩、壮观的长安城都是盛唐气象下技术发展的亮点。雕版印刷术开始出现，唐朝的《金刚经》是世界上第一部标有印刷日期的印刷品。此时，农业和手工业没有出现明显进步，陆羽撰写的《茶经》是最可称道的成就。医学受到了国家的重视和扶植，出现了世界第一部由国家颁行的药典——《唐本草》，还出现了中国医药学的集大成者孙思邈及其集大成之作《千金方》。天文学出现了僧一行，他是世界上测定子午线长度的第一人，还发现了二次内插法等数学解法。宋代，我国古代科学和技术的发展都达到了高峰，取得了无数举世瞩目、影响深远的成就，进一步巩固了我国古代科技在世界上的领先地位。首先在技术方面，宋代取得了全面且丰硕的成果。改变了世界历史进程的四大发明中，有三项都是在宋代得到完善并广泛应用的，即火药、指南针、印刷术。陶瓷工艺发展到了新的高度，名瓷名窑遍布南北；织锦技术取得长足进步，出现了三大名锦——苏州宋锦、南京云锦和四川蜀锦；以木结构为主的中国古代建筑此时也发展到了成熟阶段，东京城和山西应县木塔均堪称建筑杰作；冶金技术进一步发展，传统钢铁技术体系基本定型。造船技术也取得了较大进步，指南针于宋代即开始用于航海。其次各门科学，包括传统四大学科和其他学科都取得了巨大成就。北宋曾组织专人编著农书，不过均不传于世，医药学进入了各家争鸣和学派形成的阶段，以“金、元四大家”中的前三家为代表；北宋王唯一著述了《铜人腧穴针灸图经》，进一步普及和规范了针灸疗法。南宋人宋慈编撰的《洗冤集录》是世界最早的法医学著作。

宋代曾进行了大规模的恒星观测，在天文观测仪器制造方面也取得了新的成就。数学达到了新的高峰，出现了贾宪、秦九韶、杨辉等杰出数学家，取得了多项突破性进展。宋代的地理学也有相当的发展，地方志和域外地理著述不断出现，各种行政区域地图已相当丰富。生物学知识也有了进一步的积累；随着矿业的发展，人们的相关知识也不断增长，北宋就出现了杜绾的岩矿学著作《云林石谱》。沈括的《梦溪笔谈》总结了我国古代特别是北宋时期科技所取得的辉煌成就，包括天文、地理、数学、物理、化学、生物、医药及水利等技术方面，指南针和印刷术的最早记载就见于此书，其中，还包含了沈括本人的许多独到见解和发现。

元代直接承袭宋朝创造的科技发展高峰，成果较多。农学方面出现了《农桑辑要》、王祯《农书》《农桑衣食撮要》三部著名农书。中外交流的开展使得传统医药学吸收域外医药学的成果，引进了许多新药和特殊治疗方法。蒙古族崇尚上天的习俗使元代的天文学得到空前的发展，出现了郭守敬这样的天文学大家和《授时历》这样的先进历法。数学方面出现了朱世杰、李冶等杰出数学家，创造了不俗的成就。此时东西方交通盛况空前，出现了不少著名游记，地图学成就也极突出，朱思本绘制的《舆地图》对后世产生了重要的影响。元代纺织业取得了突出成就，黄道婆从海南带回了黎族人民的棉纺技术；水利方面形成了完整的京杭大运河。

二、中国古代科技成果

（一）天文学

1. 中国古代历法成就

中国的农耕文化源远流长，所以中国古代探索天文学的目的，一开始就是为了“模拟日月星辰，尊重时令”，观察天象，制定日历，确定季节。中国古代使用的历法最初是从夏开始的，所以被称为“夏历”。据传《夏小历》是中国历史上最古老的一部科技文献，记录了夏历十二月份的天气变化、物候变化、农时节令等内容。《尚书·尧典》是关于殷商时期天文现象的一部著作。这个时候，人们已经观测出来一年有四个季节，并且有平年和闰年之分，平年的时候是一年 12 个月，闰年的时候是一年 13 个月。四分历是在春秋战国时期出现的，四分历的依据是在一回归年也就是365天的一整年中，将一朔望月定为29天，每19年中有7个闰月，以此来调整历法。直到到了汉武帝时期，也就是太初元年（公元前104），更完善地颁布了《太初历》，这成为中国历史上最早的一种比较完备的历法，对后世产生了广泛的影响。制定大衍历的是唐代的僧一行，他量出了春夏秋冬的变化规律，制定了完善的历法体系，以供后人参考。宋朝的历法颁布次数是世界上最多的，两个宋朝的历法总共有18种，平均每隔17年就会改历一次。元朝有一种历法叫“授时历”，它是中国最准确的历法，明朝有一种叫作“大统历”的大统历，它存有364年，是中国有记载的最久的历法。

为了使年历能更好地掌握天气、四季的变化，中国古代也有二十四节气的划分。从三千多年前的西周开始，人们就已经知道了四季的概念。在《吕氏春秋》的记载中，在战国末期，有“立春”“春分”“立夏”“夏至”“立秋”“秋分”“立冬”“冬至”等八个节气。到了西汉初期，二十四节气在《淮南子·天文训》中已经有了完整的记载，它们的名字和次序也和现在一样。二十四节气是中国历史上独一无二的一项重大发明，也是我们国家珍贵的历史文化财富，在农业生产上起到了很好的指导作用。

在我国古代的历法中，有许多记年的方法，其中，干支纪年法在中国社会生活中发挥了重要的作用，它是中华民族一种独特的文化创造。中国几千年历史上的年月，都可以用干支的方法来精确地记载或推断。

“干支”是“天干地支”的简称，天干有十个，依次为甲乙丙丁戊己庚辛壬癸；地支有十二个，依序为子丑寅卯辰巳午未申酉戌亥。干支按顺序两两相配，即甲子，乙丑……甲戌，乙亥，直到壬戌、癸亥，以此循环，周而复始，六十年轮回，为一个周期，俗称六十年花甲子。殷代卜辞已开始使用干支纪日，秦汉以后才用干支纪年、月，并以地支纪时辰。在古代，人们又常用岁阳、岁阴之名作为干、支的代称。到汉武帝时，始用帝王年号与干支结合纪年（秦以前是用王位纪年）。起初，一个帝王可用多个年号，到朱元璋以后改为一个帝王只能用一个年号。这种结合纪年使年代记录更加准确。在周秦时代还有一种用十二兽纪年的方法，春秋战国时又有了关于十二生肖的文字记载，南北朝时将十二种动物与十二地支相配，同人的生年联系在一起，形成十二生肖，即子鼠、丑牛、寅虎、卯兔、辰龙、巳蛇、午马、未羊、申猴、酉鸡、戌狗、亥猪。十二生肖成为我国文化宝库中的珍贵遗产，至今还在使用，对人们的社会日常生活产生了十分深远的影响。

2．天文仪器及观测的成就

天文观测逐渐精确，为历法的制定和完善提供了依据，就像郭守敬说的那样，历法的根本是在于实地的观测，而观测的工具最先用到的是仪表，所以，我们的祖先利用自己的智慧，发明创造了许多世界一流的天文仪器。据古籍记载，虞舜时人们就已创造了“璐机”（浑仪的前身）和“玉衡”（窥管），并以此去观测天体坐标，准确地表示恒星的位置。随着天象观测仪器的进步，出现了世界上最早的星表，即公元前360年左右，魏人石申所编的《石氏星经》，其中记载有115颗恒星的位置，比希腊人依巴谷测编的约早200多年。

浑仪历经东汉张衡、唐李淳风、宋沈括等改进发展，结构日趋完善。元代时期出现了简仪，这是郭守敬在前人的基础上改制而成的，简仪的观测范围非常广泛，只有北极天附近观测不到，这也使它成为世界上最先进的天文观测仪器，并保持了很长一段时间。此外，在浑仪创造后不久，约在公元前70—公元前50年间耿寿昌创造了第一架模拟天体运动的天体仪，古称浑象或浑天仪。东汉元初四年（117年）张衡又在京都洛阳研制成了一台利用水力推动自行转动的水运浑天仪，精巧绝伦。后经唐僧一行、宋张思训和苏颂等人的改进，于1086年又创制了集测量、表演、报时三用一体的“水运仪象台”，这项“水运仪象台”的出现，表明了我国天文学的发展水平以及机械工程技术的杰出水平，也成为世界上最早的天文钟。

中国古代天文学家们之所以能最早地对多种天体进行观测，并且能够形成最精确、系统和详尽的记录，是因为拥有了不断创制改进的工具和仪器。人们为肉眼可见的星辰、星座确定名称最早发生在战国初期，这个时候出现了二十八星宿的概念，依据是将地球赤道附近的恒星划分为了二十八个不同的星座。而长沙马王堆三号汉墓出土的《五星占》中，测量的金星会合周期为584.4日，比现今测值只大0.48日。到南北朝，祖冲之的《大明历》所测火星会合周期与现代误差小于0.01日，至于隋代张胄玄的《大业历》所测水星误差仅为0.001日。天体观测准确度的提高，使我国历法也日趋精密。北宋纪元历，在古代历法中是测定朔望月数值最精确者，年误差在0.17秒以下，比西方16世纪采用的第谷数值小得多。元代郭守敬测定一年为365.2425日，与实际地球绕太阳一周时间只差26

秒，与现行世界通用公历《格里高利历》（1582 年创制）完全相同，但却比它早了 300 年。对此，李约瑟曾赞叹：“除巴比伦的天象记事外……中国人在阿拉伯人以前，是全世界最坚毅、最精确的天文观测者。”并在很长一段时间（约公元前 5 世纪至公元 10 世纪）几乎只有中国的记事可供利用。

在天象的观测中，中国还是世界上最早记录日食和彗星及太阳黑子现象的国家。早在殷商甲骨文中就有日食的多次记载，据统计，自春秋至清末，流传至今的日食记录，就多达 1 100 多次。至于对世界著名的哈雷彗星的观测，早在《淮南子·兵略训》中记载：“彗星出，而授殷人其柄。”据推算为公元前 1057 年，只是因为其记述太过简略，没能引起广泛注意，尽管如此，现在世界公认的最早记录仍发生在中国。《史记·秦始皇本纪》载：始皇帝七年（前 240 年），“彗星先出东方，见北方，五月见西方。……彗星复见西方十六日。”自此至 1910 年，哈雷彗星以 76 年为周期，共出现 29 次，我国史书均有详细记录。据统计，自上古迄于清宣统三年（1911 年）的 2 000 多年间，我国记录的彗星活动达 500 次之多，实属世界罕见。另外，我国还是最早绘制星图并记载星星数目最多的国家，现存英国伦敦博物馆的唐代敦煌星图，绘于 840 年，标有 1 350 多颗星。在 17 世纪初望远镜发明前，国外绘制星图所载星数从未超过 1 022 颗。至于对太阳黑子的观测，我国最迟在公元前 800 年，就已有了明确的文字记载，成书于西周后期的《周易》记：“日中见斗”“日中见昧”；《汉书·五行志》记：“河平元年（前 28 年）……三月己未，日出黄，有黑色大如钱，居日中央”，对太阳黑子的位置和时间都叙述得很具体明确。从汉武帝以后到明末，人们对太阳黑子现象进行了系统的观察，其中记录达 161 条之多。西方的最早记录是《查理曼大帝传》中提到的 801 年发现了太阳上有黑点。我国东汉王充称：“黑子是日气也”，说明古人早就认识到黑子是太阳自身的一种现象。

（二）农学

1. 中国传统农学的自我发展

中国自古就把农业生产作为生存与发展的根本，因此对农学的研究历来受到人们的重视，并且结出了丰硕的成果。

考古学证实，中国在七千多年以前，就已有相当发达的原始农业。浙江省余姚市河姆渡遗址出土的第一批人工水稻，是目前已知的第一批人工水稻。黄河盆地内的很多仰韶文化遗址，都有粟米和贮藏粟米的土窖。此后，文献中均有夏商周三代重视农业，尤其是周人的先祖后稷，据说他曾经教导百姓种田，所以陕西省武功县至今仍有“教稼台”，以示对他的敬意。在春秋战国之前，人类基本上使用的都是石制和骨制农具，尤其是双齿耒和铲形耜。到了春秋时代，人类已经开始部分使用铁器，并逐步取代了石器。因此，人类的劳动生产力得到了极大的提高，农业生产也得到了迅速的发展。从春秋战国时期开始，人们开始使用铁器代替石器，铁器的使用对人们劳动力的提高做出了非常大的贡献，对农业生产的发展也起到了不可估量的作用。

农业生产经验的累积、生产技术的发展，反映在意识形态上，就是通过对这些经验、技术的学习、总结，从而出现了农学家、农学著作。《吕氏春秋》中有《上农》《任地》《辨土》《审时》四篇文章，还有一些零碎的文献，这些文献都是关于农事的。《吕氏春秋》中的四篇文章，不仅对千百年来盛行的“重农”思想进行了系统的论述，还论述了“天、地、人”三个方面的关系，并在此基础上得出了“不违农时”的生产法则。其中，《管子·地员篇》被认为是中国最早的一部土质分类著作；《尚书·禹贡》中就有根据土地的肥力，对土地进行分级的记载。

魏晋南北朝之前，黄河流域是我国经济发展的中心地带，是农业发展和生产技术较为发达的区域，也是农学研究的中心地带。西汉时期，《氾胜之书》总结了以关中为代表的北方干旱地带的农事制度，并提出了“宜时、宜地、务粪泽、早耕早收”的农业方针。北魏时期贾思勰的《齐民要术》对黄河地区的农业实践进行了系统的总结，阐明了“因地制宜，因时制宜”的古代农学思想，并针对北方地区的实际情况，制定了一套精耕细作、保水和施肥的具体措施，是中国农史上一部重要著作。隋唐之后，随着经济重心向南转移，南方地区的农业迅速发展，其中以稻米为主要粮食作物。《农书》由南宋陈勇所著，他在书中写到以稻米为主要种植方式，还提到了麻、粟、牛群等农业。元朝王祯所写的《农书》，也是《齐民要术》以后，对黄河干旱区及江南稻田的农业技术进行了概括，前半部是《农桑通诀》，是本书的总纲；第二章是《百谷谱》，记述了水稻、小麦、瓜果蔬菜的种植、保育、收割、储藏的各种技术；《农器图谱》是这本书的第三个部分，其主要是保存了能够找到的农具图形，以及关于农田水利建设等方面的内容，这些内容对农业生产生活具有非常高的科学技术价值。

2. 西方科技对传统农学的影响

在明清之际，随着西方科学技术的逐步引入，中国农业的发展也受到了中国社会经济发展的冲击。而在此基础上，又有上千年的历史积淀，到了明、清两代，已有较多的经验可供总结。中西方科学技术的相互影响、相互作用，造就了徐光启（1562—1633 年）等一批杰出的科学人才。其中有一本涵盖了农业耕作、开垦、水利、粮食生产、果树栽培等诸多领域的《农政全书》，此书篇幅巨大，共六十卷七十万字，对屯垦、水利、备荒等问题进行了系统而又集中的论述，这是一部综合了宋朝以来的农桑实践和耕种建设的著作。鸦片战争后，战乱仍频，中国社会动荡，水利工程受到了极大的破坏，农业生产陷入了低谷。为使自己的国家更强大，当时有见地的学者开始重振中国的农业，特别是在“戊戌变法”前后，就已经出现了对农学的重视，尤其是在 1897 年由罗振玉编印的《农学丛书》，对日本的农业进行了积极的宣传。

总的来说，中国的农学研究注重于解决农业生产中的具体问题，对粮食生产比如土壤改良、施肥、选种、抗旱等相关的各个方面，都给予了很大的关注，这也为全世界的农业发展做出了非常大的贡献，同时也形成了一套完整的农业生产技术体系。

（三）数学

在世界古代数学界里，以古希腊的欧几里得几何学闻名于世，而中国数学史上的成就则鲜为人知。其实，在中国古代，数学的成就是非常光彩夺目的。具体体现如下。

1. 十进位值制

中国在数学上的一大发明就是十进位值制。十进制是在商王朝以后才被使用的。从现在发现的商代陶文和甲骨文中，我们可以看出，在那个时候，已能够用一、二、三、四、五、六、七、八、九、十、百、千、万等十三个数字记录十万以内的任何自然数。可见中国远在四五千年以前就已经使用了十进位值制。这种记数法与现代阿拉伯数字，除符号不同外，没有任何差异。而当时欧洲使用的是罗马累计法，既不利于思维过程的表达，也无法进行累加计算。古巴比伦和中美洲的玛雅人虽然采用位值制，但古巴比伦是六十进位，玛雅人是二十进位。印度也是到 6 世纪才开始采用十进位值制的，而且很可能是受中国的影响。可见，十进位值制对推动世界科学的发展起着十分重要的作用。

2.《九章算术》与魏晋南北朝算学

中国在春秋战国时期就已经拥有了非常完善的有关整数和分数的四则运算，追溯到数学计算方面，大约在商周时代就已经产生了四则运算。

（1）九九歌。“九九歌”是使用正整数进行的乘法口诀，最早出现在春秋时期，这是当时最先进的十进位制计数法，也是与简明的中国语言文字相结合的产物。

（2）算筹。使用算筹进行数学运算的这一方式是中国人特有的计算方法和计算工具。“筹”是一种用木头或骨头制成的粗细、长短一样的小竹棍，使用方法是通过算筹的摆列进行四则运算及开方运算，到了宋元时期，因为筹在运算使用中不够便捷，逐渐被珠算代替了。

（3）《九章算术》。中国古时以精于算术而闻名于世，并逐渐发展出自己独特的数理系统。《九章算术》是该系统的一个重要标志，它在汉代形成了一部著作。这本书以应用题的方式来编写，搜集了在现实生活中遇到的246道数学题目，并附有相应的解答，它是一部关于古代算术方法的著作，对世界算术的发展有着重要的影响。《九章算术》的作者已不可考，据传在西汉初期，由张苍和耿寿昌等人加以补充，并在此基础上重新修订，共分九章：一章是关于“方田”的内容，主要是探讨田地的计算方法；第二章是关于“粟米”的内容，探讨了谷物贸易中的兑换方法；第三章“衰分”，探讨了在分配岁收时，按照一定的比例进行的计算方法；第四章是“少广”，也就是根据已知的土地面积，推算出周长、边长等，并给出了开方法；第五章是“商功”，它描述了在工程中所用到的各类容积的计算方法；第六章是“均输”，也就是计算出运粮平均负荷的方法；第七章是“盈不足”，也就是财务损益的计算方法，讲到了一次一元二元方程式的求解；第八章是“方程”部分，介绍了求解三、四元方程的方法；第九章是“勾股”，介绍了用来求解各类几何问题的“勾股定理”。总的来说，这本书的许多数学成果，例如：分数的四则运算，负数的概念，正负数的加减运算，十进制小数的概念，在当时的世界上都处于领先地位。其中关于“盈不足”的计算方法，在欧洲、阿拉伯国家都被称作中国计算方法，并被朝鲜、日本等国家当作教材使用。

（4）魏晋南北朝算学与圆周率。我国的数学在魏晋南北朝时期得到了很大的发展。三国晋元四年（263年），刘徽将“极值”的概念运用到了圆周率的运算中，利用“割圆”的方法，得出了圆周率为3.1416的结论。南朝的祖冲之在刘徽的基础上，提出了圆周率在3.1415926—3.1415927之间的结果。在一千年之后，国外的数学家们才能计算出更为准确的数字。

3. 宋元算学与开方术和方程论

宋元时期是中国古代数学发展最快的时代，贾宪，秦九韶，李冶，朱世杰等一大批杰出的学者，他们都在开方程、方程理论等领域做出了杰出的贡献，其算法在国际上居于领先水平。其中，被称为“宋元”四大数学家的是秦九韶、李冶、杨辉、朱世杰四人。他们的研究成果代表了当时世界最先进的数学水平。

南宋秦九韶的数学名著《数学九章》，是中国数学史上的又一部重要著作。这本书被分为大衍、天时、田域、测望、赋役、钱谷、营建、军旅、市易等九大类，每类又使用9个例题来阐明各种算法，共有18卷。书中的突出成就是高次方程的数值解法，即“大衍求一术”（一次联立同余式解法）和“正负开方术”（高次方程的求正根法），比欧洲同类研究早500多年。

李冶是我国北方金元之际的有名学者，他的数学著作《测圆海镜》堪称惊世之作。该书共12卷，收录170个问题。书中提出的“天元术”（一元高次方程）标志着我国传统数学符号代数学的诞生，比欧洲同类研究早300年。

南宋杨辉著有《详解九章算法》《日用算法》等数学著作。收录了不少现已失传的各种数学著作中的算题和算法。在数学方面的著名成就是论述了“开方作法本源”，现在简称为“杨辉三角”。

元代朱世杰是宋元时期数学发展的总结性人物，他的数学著作有《算学启蒙》和《四元玉鉴》。《算数启蒙》的主要内容有乘除法运算、开方、天元术等，理论体系完整，难度由浅入深，是一部比较完善的启蒙算书。后一部主要是讲述了多元高次方程组解法和高阶等差级数等方面的问题。这在当时的世界是首屈一指的。

（四）四大发明

中国古代科学技术一直处于世界领先地位，许多发明、发现早于世界其他国家500～1 000年。英国著名学者李约瑟在《中国科学技术史》中，谈到公元1—18世纪先后传入欧洲及其他地区的中国技术发明，按英文字母的顺序列出了30多项，诸如：龙骨水车、石碾、水碾、水排、风扇车、簸扬机、活塞风箱、平织机、提花机、纺丝机、深钻技术、铸铁术、弧形拱桥、铁索吊桥、船尾舵、火药及火器、指南针、造纸术、雕版及活字印刷术、瓷器等。其中，造纸术、印刷术、指南针和火药这四大发明，相继传播到世界各地，从而改变了世界历史进程，这是中国对于人类文化和世界文明的巨大贡献。

1. 造纸术

纸出现以前，古人最早是利用“甲骨文”和“金文”来记录事情，这些东西的材质主要有龟甲、兽骨和青铜器，后来还出现了用竹片、木片或丝帛制成的“简牍”和“帛书”。但这些书写材料，或太笨重，或过于昂贵，而且使用起来很不方便。大约在公元前 2 世纪的西汉初年，纸已在中国问世。当时人们发明了最早的植物纤维纸，这种纸用麻皮纤维或麻类织物制成，比较粗糙，不适于书写，仅可作包装之用。

公元 2 世纪，东汉的宦官蔡伦对造纸原料和工艺进行重大革新。范晔著《后汉书 · 蔡伦传》中记载蔡伦是东汉和帝时的宦官，他利用担任尚方令的机会，于公元 105 年，将一批新型纸张献给了朝廷。蔡伦在造纸史上的贡献主要有：第一，他对造纸的工艺进行了创造性的改造。如使用已比较纯净的碱性溶液来促使原料脱胶，改变原来的常温制浆为加热高温制浆，从而提高了纸浆的质量，使造出来的纸张纤维分布均匀；第二，他除了继承和改进西汉所用的麻头、麻布、麻织渔网等造纸原料，还首创了用树皮（主要是楮树皮）造纸。为纸的制造开辟了一个更为广阔的原料来源；第三，由于他所造的纸张价廉质优，适宜于书写，从而使纸张的应用得到普及和推广。公元 114 年，蔡伦因此被封为龙亭侯，他创制的纸也被称为“蔡侯纸”。蔡伦虽不是造纸鼻祖，但在中国造纸史上的地位却是不可替代的。之后，造纸原料进一步拓宽。其中，唐朝利用竹子制造的竹纸，标志着我国造纸技术取得了重大突破。竹子的纤维硬脆，易断，技术处理比较困难，用竹子造纸成功，反映出我国古代造纸技术已经达到相当成熟的程度。后来造纸设备得到了进一步改进，加工技术也有了新的提高，树皮、嫩竹、桑皮、藤皮、檀皮、麦秆、稻秆等都可用于造纸。明代宋应星的《天工开物 · 杀青卷》，总结性地叙述了竹纸和皮纸的制作工艺，并附有造纸操作图，是当时世界上关于造纸最详尽的记载。公元 4 世纪，造纸术首先传入日本、朝鲜，8 世纪传入印度、波斯，后经阿拉伯传至北非和欧洲，取代了用于书写的欧洲羊皮、印度树叶和埃及纸草，促进了各国间的文化交流。直到近代，欧洲工业革命发明用机器造纸，中国在世界造纸业的龙头地位才随之发生改变。

2．印刷术

印刷术没有发明以前，传播文字是十分艰难的事，所有的书籍都只能靠手抄。由于古代文字形体不统一，书写工具也几经变化，因此辗转传抄之时，脱文误字的情况时有发生。于是学者们便发明了摹拓的方法，这可以说是中国最原始的印刷术。用石板刻字来摹拓比起手抄本有了很大进步，但价格昂贵，无法满足普通百姓的需要。初唐时期，发明了雕版印刷术。雕版印刷虽然刻凿过程费工费时，但由于木刻工艺简单，费用低廉，印刷便捷，而且所雕的印版可以反复使用，因而深受人们的欢迎。即使活字印刷术问世以后，雕版印刷仍然是古代主要的印刷手段。雕版印刷，顾名思义就是在整块的木板上刻字然后进行印刷，采用这种方法一次就可印出几百、几千部书。雕版印刷术在唐时传入朝鲜、日本、波斯，后又传至埃及，元时传到欧洲。但印刷不同的文章要雕刻不同的木版，十分不便，而且非常浪费人力、物力和财力。沈括的《梦溪笔谈》记载，1041—1048 年，平民毕昇发明了活字印刷。方法是在胶泥片上刻字，一字一印，用火烧硬后，便成活字。按照字的音韵分类贮放于木格中。每字皆有数印，常用字如“之”“也”等则备有二十几印，以供排版时遇到重字的情况使用。至于排印时遇到缺字，则随时刻字，烧硬补上。排版前，先在置有铁框的铁板上敷一层掺和纸灰的松脂蜡，活字依次排在上面，加热，使蜡稍熔化，以平板压平字面，泥字即固在铁板上，可以像雕版一样印刷。一般铁板设有两块，一块用于印刷，一块用于排字，相互交替使用，排字和印刷的效率都很高。而且活字可以多次使用，比整版雕刻经济方便。这种活字排印方法和现代的铅印排字原理基本相同，是印刷史上的一次重大革命。毕昇之后，元代农学家王祯不仅成功地创造出木活字，还发明转轮排字架，进一步提高了排字效率和印刷质量。大约在 14 世纪，木活字印刷术传到朝鲜、日本，朝鲜人又推陈出新，把木活字改进为铜活字，并在 1436 年铸成世界上最早的铅活字。1456 年，德国人谷腾堡用活字印刷《圣经》，活字印刷术由此从德国传到意大利、瑞士、捷克、法国、荷兰、比利时、西班牙、英国和葡萄牙等国。

3．指南针

指南针是指示方位的仪器。战国时已有用天然磁石琢磨成的指南针，称为“司南”。样子像一只勺，底部呈圆形，可以在刻有二十四方位的平滑“地盘”上自由旋转，等它静止时，勺柄就会指向南方。“司南”本身沉重，摩擦系数高，转动不灵，且易失磁。东汉张衡在写《东京赋》时，第一次把“司南”改称为“指南”。唐末五代时，人们开始用人工方法使铁器磁化。在 19 世纪，在此之前，大多数的罗盘都是通过人工磁性来制造的。在北宋初期曾公亮所编的《武经总要》中，以及沈括所著《梦溪笔谈》中，都有关于罗盘的记载。指南鱼的形状，就是将一片薄薄的铁片切成鱼状，再通过地球磁场的作用，让它变得具有磁性。当需要行军时，让它飘浮起来，铁叶可以指引方向。但是这种磁化法所获得的磁性比较弱，使用价值比较小。指南针是用天然磁石摩擦钢针制得的人工磁石。把这种钢针放在碗边上甚至手上，它都可以自由转动，最后转向南方。

最早的指南针常被用作看风水的定向仪器。北宋天文学家、占星学家杨维德在《茔原总录》中记载，指南针须在正南偏东 17.5 度取向，这是世界上最早的有关磁偏角的记录。北宋以前，航海要靠日月星辰来判断方位，遇到阴雨天气，就难辨东西，指南针的发明无疑促进了航海业的发展。中国是最早把指南针应用于航海的国家。12 世纪以后，指南针传到阿拉伯国家和欧洲，对哥伦布发现美洲大陆和麦哲伦完成环球航行功不可没。指南针还被广泛地用于军事、生产和日常生活之中。

4. 火药

火药的发明应当归功于中国古代的炼丹家和炼丹活动。火药，顾名思义，其本义当是起火之药。火药的基本成分是硫黄、硝石（硝酸钾）和炭三种。炼丹家在炼药时发现硝石、硫黄、木炭混合后容易起火猛烈燃烧，从而发明了火药。起初，可以杀虫、辟湿气、治疮癣和瘟疫。

唐朝末年起火药开始用于军事，随之出现了使用火药的武器，火器反过来又推动了火药的研究和大规模生产。用火药做武器最早的确切记载见于宋初曾公亮等编写的《武经总要》。书中写道：“放火药箭，则加桦皮羽，以火药五贯镞后，燔而发之。”该书还记载了三种火药的配方。

北宋真宗咸平三年（1000 年），据说是士兵出身的唐福创制了世界上第一支“火药火箭”，同时还制成了火球等多种爆炸性火器。北宋末年还创造了“霹雳炮”“轰天雷”等。后来，金人围攻开封时，李纲就是用霹雳炮击退金兵的。到了南宋时出现了管状火器。高宗绍兴期间，约1132年，陈规发明了“火枪”，是把火药装在竹筒内，临阵点放，烧死敌人。南宋理宗宝庆元年（1225年），寿春地区有人创制了“突火枪”，这种管状火器与火枪的不同之处是，火枪仅能喷射火焰烧人，而突火枪内则装上“子窠”（原始的子弹），可以飞射出去打人，从而开创了管状火器发射弹丸的先河。现代枪炮就是由管状火器逐步演变而发展起来的。

最迟在元代，管状火器已改进为用铜（或铁）铸成的管式大炮（当时称为“火铳”）。现在，中国历史博物馆仍然保存元至顺三年（1332年）的铜炮及元至正十六年（1356年）张士诚所铸的铁炮。而迄今发现最早的小型手铳则是明洪武五年（1372年）用红铜铸制的实物，其外形类似古代兵器竹节钢鞭，内有孔腔可装火药和碎铁滓。作战时，用于远距离轰击敌人。

明代在火器方面突出的贡献是，发明了多种“多发火箭”，如同时发射10支箭的“火弩流星箭”，发射32支箭的“一窝蜂”，最多可发射100支箭的“百虎齐奔箭”等。尤其值得一提的是，当时水战中有种叫“火龙出水”的火器，据说可以在距离水面三四尺高处飞行，远达二三里，“如火龙出于水面，药筒将完，腹内火箭飞出，人船俱焚”，类似现代二级火箭。而且还有“飞空击贼震天雷炮”和“神火飞鸦”等是具有一定爆炸或燃烧性能的雏形飞弹，用以攻击敌军。另外，在明代类似地雷、水雷和炸弹这些火药武器，都已经创造出来并用于战争。这些武器在当时世界上都是遥遥领先的。

火药的用途很广，不仅在军事上，而且在生活和生产中也能发挥很大的作用，如制作爆竹和焰火、采石、开山和狩猎等。火药先由商人从中国经印度传到阿拉伯国家，到13、14世纪时，又由阿拉伯人与火药武器一道经过西班牙传入欧洲。19世纪开始，随着工业和科学技术的发展，火器在欧洲得到新的改进和提高；而中国在科学技术方面却停滞不前。

第三节　中华优秀传统文化的文化艺术成就

中国古代文学本身即为中国文化中的一部分，中国文学是由中国文化创造衍生出的直接产物。中国古代文学凭借其生动且形象的方式展现出中国优秀传统文化中的民族精神、时代精神，从而引导中华儿女培育正确的世界观、人生观、价值观。

一、中国古代文化成就

（一）先秦的《诗经》与《楚辞》

1.《诗经》

《诗经》是我国第一部诗歌总集，是众多作者在辽阔地域下，进行文学创作并经历漫长过程的积淀而形成的文化成果，是我国古代现实主义文学的经典作品集，它的思想性和艺术性在中国，甚至是在世界都有极高的价值。《诗经》共收录了 305 篇诗，别名《诗三百》，它和《书》《礼》《乐》《易》《春秋》合称为“六经”，《诗经》分为风、雅、颂三大类。风包含 15 个不同地方的民间歌谣；雅分为大雅和小雅，其中的很多作品是由贵族或官吏完成的，是贵族或者朝廷宴饮的时候所使用的乐歌；颂多用于宗庙祭祀。

《诗经》的内容非常丰富，它可以作为一面镜子反映出当时的社会生活，其风和小雅中包含着最有价值、最真实的内容。这些诗歌凭借鲜明生动的形象、优美典雅的语言以及澎湃强烈的情感描绘出劳动人民一年四季的辛勤劳动，揭露出统治者在奴隶制度下剥削、压迫劳动人民的情景，讽刺了统治者的黑暗统治，与此同时也歌颂了劳动人民，还有一部分内容是描写青年男女的爱情；句式大多是四言，兼有长短句，自然变化又有错综复杂之美；词汇也非常丰富，叠字和联绵词的使用令诗歌更具表现力，如“关关雎鸠，在河之洲。窈窕淑女，君子好逑”（相和鸣叫的雎鸠，在河中的小洲栖息。贤良美丽的女子，是君子的好配偶）。《诗经》回环复沓的章法使得诗歌充满音乐的节奏美，形成了一唱三叹的艺术效果。

2.《楚辞》

“楚辞”是由屈原创造的一种新型诗体，兴于战国时期。“楚辞”具有鲜明的楚国地域色彩，汉成帝即位后，西汉文学家刘向将宋玉、屈原等人的作品和汉代仿写的作品汇编成册，即《楚辞》。楚辞首开中国浪漫主义诗歌的先河，对后世的诗歌创作、散文创作具有深远的影响。总体上中国古代文学中的意象多样、构思奇特、辞藻华美等诗歌特点都可以追溯于《楚辞》。

楚辞的代表诗人屈原是我国历史上一位具有重要影响力的浪漫主义诗人，《离骚》是他的代表作品。全诗一共 373 句，共 2 490 字，其中蕴含着屈原悲惨的人生际遇、崇高美好的理想及忠君报国的热情，这是他将自己的生命熔铸而成的史诗大作。

《离骚》是诗人思想品格的集中反映，不仅深深地扎根于现实，同时也富有幻想色彩，诗歌中增添了大量古代神话和传说。屈原凭借丰富多彩的幻想，架起了理想和现实之间的桥梁，创造出一个奇特瑰丽的世界。基于《诗经》中所运用的比兴手法，屈原笔下的比兴手法有了进一步的发展，屈原赋予了花草树木、鸟兽虫鱼等自然事物以人的特征，充满了生命气息。“香草美人”这一意象便是屈原提出来的，指的是高尚的品德及忠君爱国的思想，诗中的“惟草木之零落兮，恐美人之迟暮”（想到草木在不断地飘零凋谢，不由担忧着美人也会日益苍老）就很好地体现出这个定义。《离骚》一诗实现了思想性和艺术性的高度融合。

（二）汉赋

赋是在汉朝文坛兴起的一种介于诗歌和散文之间的文体，特点是韵散结合，专事铺叙，既有诗歌的整齐句式，又有散文的行文气势。历来说到赋，多是把汉赋视为正宗。著写汉赋的作家有很多，名声出众的还要数“汉赋四大家”，分别是西汉的司马相如、扬雄及东汉的班固、张衡。

汉赋可分为骚赋、大赋、小赋。其中，大赋是汉赋的代表，它的创作手法影响着后来的诗词、戏剧及小说。汉大赋一般由三部分组成：开头为“序”，交代文本人物问对的因由，以此引出下文；中间部分为正文，多是主客之间夸耀京都的壮丽、城苑的精美或者是极力描绘贵族们打猎歌舞的欢乐时光；结尾则是反映出作者的思想倾向，通常以一方对另一方拜服作结。汉大赋的篇幅较长，多在千字以上，语言的特点是辞藻丰富、铺张扬厉。内容题材多涉及描写城苑、京都、宫殿、山川等壮丽阔大的事物，以及展示帝王贵族们的政治、祭祀、军事、打猎等活动。汉赋往往以歌功颂德为思想主旨，宣扬国家的声威，歌颂帝王功德，也有对帝王的政治决策和他们的骄淫生活进行讽谏的部分，但通常是“劝百讽一”，意思是文本中鼓励部分的比例远远大于讽谏部分。

（三）唐诗

唐诗是我国古典诗歌发展的高峰，在中国浩瀚的文学长河中具有不可替代的地位。唐诗的数量成千上万，诗歌形式百花齐放，流派风格多样，这是其他朝代都无法与之相比的。唐诗的繁荣昌盛有四个原因：一是经济的快速发展，生产力得到了提高；二是政权对思想文化交流兼容并包的态度；三是人才选拔制度的完善，科举选拔制促进了文化的发展；四是前人的诗歌文化的积淀。唐诗的发展具有较为明显的阶段性，一般可以分为初唐、盛唐、中唐、晚唐。目前普遍认为唐诗发展的高潮在于盛唐和中唐。

1. 初唐诗坛

初唐时期的诗坛，基本上还被前代的宫廷诗所影响，多数诗人过分追求诗歌的华丽辞藻和形式，而轻视了诗歌的内容及思想风骨，如绮丽婉媚的“上官体”便被当时的诗人所追捧。此时的王勃、杨炯、卢照邻、骆宾王被称为初唐四杰，他们锐意创新，一改当前诗歌创作的靡靡之风，并取得了一定成就。陈子昂凭借《登幽州台歌》享誉于世，张若虚的《春江花月夜》被誉为“孤篇盖全唐”，他还留下了《代答闺梦还》，虽然张若虚只有两首诗传世，但这两首诗都成为唐朝最具代表性的诗作。

2. 盛唐诗坛

盛唐五十余年，出现了众多诗派，如山水、田园诗派和边塞诗派。田园诗派专注描绘清新自然的田园，勾勒出轻渺淡远的意境，体现出作者不与世俗同流合污、葆有内心品德的高尚情操。如孟浩然、王维，他们都是在唐代创作了大量山水、田园诗的诗人。孟浩然的田园诗作品往往都能在平常宁静的环境中表达自己的闲适心情以及自己对生活的美好向往，如《过故人庄》中的“故人具鸡黍，邀我至田家”（老朋友准备好了丰盛的饭菜，邀请我到他的田居里做客）。而王维的山水诗作品中的山川江河形象鲜明，气韵灵动，往往能描绘出一幅清幽明净的图景，苏轼评价其为“诗中有画，画中有诗”。如《山居秋暝》中的“明月松间照，清泉石上流”（明亮的月光映照在幽静的松林间，清澈的泉水在山间石头上淙淙流动）。

边塞诗派专注描绘奇伟瑰丽、宏伟壮阔的边塞自然景色，抒发自己愿意驰骋疆场、渴望建功立业的雄心壮志，表现出大唐帝国的繁荣昌盛以及唐代文人奋发向上的精神状态。像高适的《燕歌行》、岑参的《白雪歌送武判官归京》、王昌龄的《从军行》《出塞》等都是边塞诗作品。高适的边塞诗雄壮悲沉，如“战士军前半死生，美人帐下犹歌舞”（战士拼斗军阵前半数死去半生还，美人却在营帐中还是唱歌还是跳舞），既流露出作者想要在边塞建功立业的壮志豪情，也表达出他对于边将骄奢淫逸、不恤士卒而使得前线战事失利的愤慨之情。岑参的边塞诗和高适的作品相比，岑参诗作的奇伟色彩会非常明显，如“忽如一夜春风来，千树万树梨花开”（忽然间宛如一夜春风吹来，好像是千树万树梨花盛开）。在岑参的笔下，边塞中的雪也是奇丽的，表现出浪漫主义的特点。

李白和杜甫是盛唐诗坛中极其耀眼的两位诗人，为中国古典诗歌史诗留下了宝贵的文化资源。

李白的壮年正当唐代昌盛之际，他文采极高，作品产出也多，诗歌题材多样，风格也多变，不仅有像《梦游天姥吟留别》《蜀道难》这样充满奇特色彩、用字精妙的诗作，也有如《静夜思》般言简意赅、意蕴悠长之作。李白是继屈原之后的又一杰出的浪漫主义诗人，他的诗歌重视抒发自己的主观感情，热情奔放，感情浓烈，大量运用想象和夸张的表现手法，文风清逸流畅。李白胸怀天下苍生，也渴望自己能在政治舞台上一展拳脚，希望能被赏识而得到重用，但他不趋炎附势、不愿意迎合权贵而屡遭排挤，为官之路十分坎坷。他有一句“安能摧眉折腰事权贵，使我不得开心颜”（岂能卑躬屈膝去侍奉权贵，让我不能够有舒心快意的笑颜）便是他不与世俗同流合污的真实写照。《行路难·其一》“长风破浪会有时，直挂云帆济沧海”（我相信总会有乘风破浪到来的时候，到时定要扬起船帆横渡沧海）一句突出表现了诗人对于追求理想的执着之心以及对人生前途充满了乐观的豪迈气概。

杜甫主要生活在唐朝由巅峰向下走的年代，在颠沛流离、四海为家的困窘生活中，他深切地体会到黎民百姓生活的艰难，对百姓饱含同情，是一位有着家国情怀、心系黎民百姓的伟大诗人。他有着崇高的责任担当，他的诗风和李白的浪漫主义诗风有着明显的区别，杜甫优秀诗作的最大特色便是现实主义诗风，杜甫善于选择抓取典型人物、典型事件来进行叙事或描写，巧妙炼字，达到了“语不惊人死不休”的地步。杜甫擅长写作各种体裁的作品，加之风格多样，为后世的诗人留下了珍贵的诗作宝藏。安史之乱发生后，人民深受苦难，罪恶的战争在国士爆发，统治集团的残酷更增添了百姓的苦楚，大唐盛世的繁华一去不复返，杜甫以“三吏三别”，即《新安吏》《石壕吏》《潼关吏》《新婚别》《无家别》《垂老别》叙写出安史之乱百姓的百态，见证了大唐的没落之始。他的诗歌以沉郁顿挫为感情基调，语言精练，真实反映出社会现实生活，因此也有“诗史”之称，他本人也被称为“诗圣”。杜甫以忧国忧民为己任，无论是否关乎自己的切身利益，只要是涉及百姓，他都会表现出崇高的担当，如《茅屋为秋风所破歌》描绘了秋夜屋漏、风雨交加的困窘情景，真实地记录了草屋生活中的一个小片段。结尾心生感慨，以自己的切身体会，由己及人，进一步把自己的困窘抛在一旁，设想出大庇天下寒士的万间房屋，表达出杜甫同情百姓、忧国忧民的思想感情。类似的诗句还有《春望》中的“感时花溅泪，恨别鸟惊心”（有感于战败的战局，看到花开而潸然泪下，内心充满了惆怅怨恨，听到鸟鸣而胆战心惊）等。

3. 中晚唐诗坛

中晚唐诗坛形成了两大流派，一是以元稹、白居易为代表的新乐府诗派；二是以韩愈、孟郊为代表的韩孟诗派。

新乐府诗派以新题写时事，讽刺现实，白居易提出了“文章合为时而著，歌诗合为事而作”（文章应该为时事而著作，诗歌应该为现实而创作），白居易存诗有 3 000 多首，是唐代所存诗歌最多的一位诗人。他将自己的诗作分为讽喻、感伤、闲适、杂律四类。白居易诗歌艺术成就最高的是他的感伤诗，《长恨歌》和《琵琶行》是其中的佼佼者。《长恨歌》描写了唐明皇和杨贵妃的凄美爱情故事，情节曲折、跌宕起伏，语言流畅优美，融情于诗，别开生面。《琵琶行》描写了一位长安歌女人老珠黄后流落天涯的凄惨生活，同时也寄托了白居易官场不顺被贬的失意愁绪。白居易的诗歌语言平易近人、通俗易懂、淳朴自然，下到民间、上到宫廷都享有名声。

韩孟诗派诗风奇崛险怪，艺术表现力独树一帜。其诗歌所描绘的世界是怪异的、变形的，题材形象奇特、色彩诡谲，用字用词也“险”，注重造句炼字，常用生僻字、造拗句、押险韵，这是过去从未有过的风格，与盛唐诗歌所追求的阔大积极的诗境和同时期的元白诗派追求的平白务实截然不同。此外，韩愈的创作审美观念也很独特，“以丑为美”，不在约定俗成之美的框架中表现美，而是以怪奇为美，以光怪陆离为美。

晚唐时期藩镇割据，宦官弄权，朝廷朋党争斗的现象十分普遍，政治局面乱作一团，该时期的诗歌内容相较之前少了一些实质内容，诗歌更多的是抒发诗人自我的情思。在晚唐的诗人中，以被称为“小李杜”的李商隐和杜牧两位最为出名。杜牧有自己的政治理想，但是由于刚直不阿的秉性被其他官僚排挤，官场上不得志。他的七绝诗艺术成就很高，他善于运用简约的形式来勾勒优美的诗歌画面，以此来抒发自我的情思，其中的咏史类和写景类作品较为出众。如咏史类的《赤壁》，描绘的图景看似平淡，实为不平，沙里埋藏着断戟，点出此地的悠长历史，暗含岁月流逝、物是人非之感。

李商隐擅长七律和七绝，抒情细腻缠绵，构思新奇，风格依丽，善于发掘内心深处的思想，着眼于历史典故、经验教训来讥讽时事。他所作的多篇无题诗广为人知，传诵度高。无题诗大多以男女相爱为题材，意境缥缈，辞藻精丽，读来只觉得荡气回肠。如“相见时难别亦难，东风无力百花残”“沧海月明珠有泪，蓝田日暖玉生烟”等。

（四）宋词

词来源于民间，在唐朝开始流传，在两宋时期达到高峰。两宋出现了数不胜数的词人以及各种风格的词派，后世难以为继。词，即歌词，曾被称为“曲子词”，词是一种可以伴曲而唱的诗体，曲子有其一定的音律和节奏，而这些音律、节奏的总和便是词调。词和调之间的关系可以是“按词制调”，也可以是“依调填词”，曲调便被称为词牌，其通常会依据词的不同内容来制定。词牌是一首词的词调名称，如《卜算子·咏梅》，“卜算子”是词牌名，“咏梅”则是词的标题，一般来说，词牌通常也决定了词的平仄规律。一首词通常会分为两段，从上往下分别称为上片、下片或者是上阕、下阕。多数词的句式长短是不均的，押韵也会有变化，二字、三字、四字、五字、七字等句式都有。

1. 北宋词坛

北宋前期的词是由之前的花间词发展起来的，内容多关乎女子的服饰装扮、体态容貌，辞藻华丽、色彩缤纷、题材窄小。晏殊、晏几道和欧阳修是北宋初期词坛的三位著名词人。晏殊少年得志，一生都爱好文学，他的词作主要抒发歌乐宴饮以及惋惜时光匆匆流逝的愁绪，词风典雅清丽，音调和谐。他的《浣溪沙·一曲新词酒一杯》是广为传诵的名篇。晏几道是晏殊的第七子，与晏殊合称为“二晏”，他的词作多描绘青楼歌女，沿袭了花间词的稠丽词风，大写男女之情。欧阳修作为当时的文坛领袖，虽然也有涉及相思爱情的题材，但是他转向深入刻画内心，反映出诗人的思想感情，是对词的传统题材及表现手法的突破，积极影响着词的发展。

柳永在宋词发展中占据重要地位，他以毕生精力作词，他的词作主题集中在描绘城市风光及歌妓生活，受到了当时文人雅士的蔑视嘲讽，但是却受到了歌妓和市民的追捧。他的词作语言通俗浅显，音节朗朗上口，在结构方法上善于层层铺叙，构思巧妙。他创作出了大量的慢词，为慢词的发展做出了不可磨灭的贡献。慢词是一种按照慢调来填写的词，节奏较为舒缓，字数较多。《雨霖铃》《望海潮》等作品都是柳永非常出色的慢词。苏轼是宋代文学杰出的代表诗人之一，他的创作涉及诗、词、散文，在这些方面苏轼都取得了很高的成就。苏轼的词独树一帜，他被公认为是豪放词派的开创人。苏轼在柳永词体改革的基础上再一次对词体进行了改革，扩大了词的表现功能。他在词作中融入了自己对人生的理性思考和积极乐观的信念，开拓了词境，提高了词的文学地位，改变了词的发展方向。苏轼的代表词作有《蝶恋花·密州上元》《水调歌头·明月几时有》等。

2. 南宋词坛

南宋有一位中国文学史上最重要的女性文学家，她就是李清照，号易安居士。李清照出身于书香门第，生活条件优渥，她从小就在良好的家庭环境中阅读学习，为她未来的文学创作打下了坚实的基础。她的前期词作多写其日常生活，后来，金兵入据中原，她也因此被迫在南方流亡，困窘孤苦，后期词作的风格情调充满了感伤，但成就最高的也是她的后期词作，如《声声慢》“寻寻觅觅，冷冷清清，凄凄惨惨戚戚”（苦苦地寻寻觅觅，却只见冷冷清清，怎不让人凄惨悲戚）。层层地铺叠渲染，表现了她寂寞愁苦的心境。李清照被归为婉约词派诗人一列，她的词作风格婉转柔和，语言清新，于平淡中见浓烈，在宋代词坛上独树一帜，词作又被称作“易安体”。

南宋后期的辛弃疾也是一位杰出的词人，他胸怀天下，渴望朝廷能够收复失地，向朝廷提出了诸多建议，但是朝廷不予采纳，其他官僚还对他进行打压排挤，使他没有办法施展自己的政治才能。因此他只能将一腔热血寄托词作抒发出来，辛弃疾创作主题多是抗金复国，他继承了苏轼豪放一派的词风，风格沉雄豪迈，善于化用典故，扩大了词境，其中不乏像《永遇乐·登京口北固亭怀古》这样悲叹英雄失路、壮志未酬的优秀词作。

（五）元曲

元代正统诗文逐渐衰落，新兴戏曲繁荣发展，元曲是元代文学创作的主流。元曲是由原来的“蕃曲”“胡乐”发展而来，它起初在民间广泛传播，被当时的人们称作是“街市小令”或“村坊小调”。在元朝入主中原取代宋朝以后，元曲也就在以大都（今北京市）和临安（今杭州市）为中心的较为发达的地区流传开来。元曲不仅是文人士子抒怀咏志的工具，而且也为当时的民间百姓提供了一种新颖的、接地气的、喜闻乐见的艺术形式。

元曲的格律要求十分严密，它每一个曲牌的字数、句式及平仄方面都有其固定的格式要求，但它也保留了一定的灵活性，允许在固定的格式中加上衬字，某些曲牌还可以增，甚至连韵脚也允许平仄通押。元曲分为散曲和杂剧两类，而散曲又可细分为小令和套数两种。在元代，南方还有另外一种戏曲形式——南戏，它是经由南方音乐和南方语言相融合的戏曲样式，最初流行于浙江温州一带，因此南戏也被叫作温州杂剧或者是永嘉杂剧，《琵琶记》便是一部优秀的南戏著作。

杂剧是元代文学创作的主体，同时也是元代文学创作的代表。当时优秀的元杂剧作家创造出了一批广为流传的作品，至今仍在民间流传。当时最为出名的“元曲四大家”，即关汉卿、马致远、白朴、郑光祖。他们的代表作品分别是《窦娥冤》《汉宫秋》《梧桐雨》《倩女离魂》。

《窦娥冤》讲述了一个“冤案”，窦娥在小时候就成了别人的童养媳，在她的丈夫去世以后，无赖张驴儿想要霸占窦娥，给蔡婆下毒，要挟窦娥嫁给他，却没想到蔡婆把下了药的羊肚汤给了张驴儿的父亲喝，导致其当场毒发身亡。张驴儿怀恨在心，以此事到官府诬告窦娥，官府对窦娥和蔡婆进行了严刑逼供，窦娥不想蔡婆承受苦楚，主动含冤承认是自己下的毒，招了供。贪官知府便判决窦娥斩首示众。窦娥在行刑前许下三桩誓愿：血溅白绫、六月降雪、当地大旱三年。誓愿在窦娥死后一一实现。窦娥以鬼魂的形态现身向通过科举考试后得任廉访使的父亲陈述此事，最后窦父重审此案，为窦娥申冤。《窦娥冤》的人物个性十分鲜明，语言通俗易懂、朴实生动。

《汉宫秋》讲的是西汉元帝受到匈奴威胁，将自己的爱妃王昭君送出边塞和亲以换取边境和平的故事。汉元帝因想充实自己的后宫从民间选美。王昭君是一个十足的美人，但她不肯贿赂宫廷画师毛延寿，而被毛延寿记恨在心，特意将其画丑，因此她在入宫后独处冷宫，不得见龙颜。汉元帝偶然见到了昭君，十分喜爱，便封她为明妃，要将毛延寿斩首。毛延寿逃至匈奴边境，让单于向汉王索要美貌的昭君为妻。元帝虽然也舍不得将昭君送出去和亲，但昭君愿意为民族大义而牺牲自己。单于得到王昭君后十分愉悦，率兵离开。王昭君放不下家乡的土地，在两地交界处的黑龙江里投水逝去。本文抒发了作者极力反对民族压迫的思想感情，因此，这个剧本极富有现实意义。

《梧桐雨》叙写了安史之乱前后唐明皇与杨贵妃的凄美爱情。因为感情深刻，贵妃与明皇在长生殿对星互相发誓，愿生生世世为夫妇。但好景不长，安禄山伺机谋反，明皇带着贵妃匆忙出逃。驻扎到马嵬驿时，军队出现了骚动，龙武将军陈玄礼逼迫明皇诛杀杨国忠与杨贵妃，杨贵妃最后被缢死。军队得到了满意的处置，便继续保护明皇的安全。肃宗收复京都后，太上皇（明皇）对贵妃追思不已。在一个晚上，明皇在梦里和贵妃相会，却被梧桐雨所惊醒，更是感到惆怅万分。《梧桐雨》中的语言十分华美，有诗词的韵味在里头，且融入了深切的情感，令人动容。

《倩女离魂》讲述了张倩女与王文举的爱情故事。他们曾在父辈的商讨下指腹为婚，王文举长大后，想要履行当初长辈指腹为婚的约定。倩女的母亲嫌弃文举还没有考取到功名而不让二人成婚，文举只得只身一人上京赴考。此时的倩女对文举充满了忧思而卧病在床，神奇的是倩女的魂魄飘然离体，追赶上了文举，并和文举共同进京。后来文举状元及第，衣锦还乡，倩女魂魄回到了她的肉体当中，最后文举和倩女终于完婚。《倩女离魂》中的浪漫主义色彩极浓。文章叙写了女子被封建礼教压制的痛苦，一方面，倩女的魂魄象征着女性对爱情的憧憬与追求；另一方面，在魂魄离开肉体的阶段，此时的她魂魄冲破了封建礼教的压制，但她仍然担心文举会不会另娶高门，肉体也还在承受着忧思的苦楚。

（六）明清小说

明代小说是在宋元时期说话艺术的基础上得以发展并产生极多文学成果，也是从明代开始，小说的文学形式已经开始展示出它本身的文学价值以及它对于社会的影响力。到了明代中叶以后，一些有着进步思想的文人对小说表示出足够的关注，他们从理论的层面上给予了小说高度的评价，这就意味着小说打破了正统诗文的垄断地位，取得了能与唐诗、宋词、元曲相提并论的文学地位。

1.明代“四大奇书”

“四大奇书”是明代小说创作具有重要影响力的作品，“四大奇书”即《三国演义》《水浒传》《西游记》《金瓶梅》四本小说，这些小说也影响着后来的历史演义、英雄传奇小说、神魔小说和世情小说等创作流派的发展。《三国演义》全书以黄巾起义为叙述起点，以西晋统一结尾，描绘了公元184年到280年间将近一个世纪的历史画卷。小说以魏蜀两国之间的矛盾为中心，以魏蜀吴三国之间的矛盾斗争为主线展开故事情节，形成了一个宏伟阔大而又精密严谨的结构。《三国演义》为古典小说贡献了诸多个性鲜明的人物形象，在人物塑造的层面上可以说是取得了很高的成就。而在对人物进行描述时，作者运用了夸张、烘托、对比等手法来表现人物的性格特点，也显示出作者极高的语言艺术造诣。

《水浒传》是施耐庵在明初时创作的一部章回体小说，是我国文学史上第一部描述农民起义的小说，整本书围绕着“官逼民反”这一主线展开故事情节：一群不堪忍受暴政欺凌所以才揭竿而起的“好汉”被逼上梁山，直至最后接受了朝廷的招安而昭示着这一次起义的失败。小说成功塑造出一个又一个性格鲜明的英雄人物，这是这部小说具有光辉艺术成就的重要因素。对于同一个人物，在不同的环境中，作者根据他们当时的经历以及身份的不同来表现他们不一样的性格特点，因此所描绘出来的人物更能给人以真实感，是有血有肉的。《水浒传》的文本语言具有口语化的特点，通俗易懂。

《西游记》是吴承恩在明朝中叶完成的一部中国神话小说，它是中国神话小说中的佼佼者。《西游记》的基本艺术特征在小说文本里充满了浓郁的浪漫主义色彩，作者幻想出一个脱离常规的超自然世界，在这个世界里，神话人物、人物所使用的法宝以及人物身处的环境大多能从现实中找到原型，可以说是基于现实的状态下，给予这些事物更多的可能性。在各式各样的神魔形象的塑造上，既表现他们和普通人不一样的神性和动物属性，又能从这些形象中找出人物各自的独特个性。像是孙悟空，他灵活机敏、顽皮好动，带有猴子的特点；另一方面，孙悟空神通广大，会“七十二变”，有“火眼金睛”，还有神器“定海神针”，既有现实世界的基础又有不存在于现实世界中的奇妙想象，使得作品既有瑰丽的幻想色彩又带有细节的真实性。

《金瓶梅》是我国第一部由文人独创的长篇小说，被称为四大奇书之首，署名为兰陵笑笑生。全书以土豪恶霸西门庆的发迹到最后的家族衰败为中心线，从多个方面描绘了上自封建权贵、下至市井无赖所构成的一个黑暗世界。作者出色地塑造出具有鲜明特色的人物形象，像是“害死人还要看出殡”的狠毒地痞西门庆以及泼辣淫荡的潘金莲等，这些人物都描写得十分生动，入木三分。作者把复杂的故事情节有序地整合起来，语言明快简约、活泼生动，展现了作者卓越的文学功底。

2. 清代小说

到了清代，小说创作更是得到了进一步的发展，登上了又一个高峰，和明代小说相比，清代小说与社会政治的关系更加紧密，蒲松龄的《聊斋志异》已经到达了中国文言短篇小说的顶峰，被誉为中国文言短篇小说之王，集志怪、传奇之大成。吴敬梓的《儒林外史》是现实主义讽刺小说的典范。曹雪芹的《红楼梦》则是达到了中国古典小说的巅峰。

《聊斋志异》里有许多故事歌颂了爱情，反对了封建礼教对青年男女恋爱的压迫，也有揭露腐败黑暗的社会政治对平民百姓的残酷压迫，以及批判腐朽的科举制度对读书人的戕害。蒲松龄运用自己丰富的想象力构建出曲折离奇的故事情节，文中有较多篇幅在描写狐魅花妖及幽冥世界，又以狐鬼幻化的人物为多，他们有着人类的思想感情，也有着人类的言行举止，但他们也有人所没有的神奇魔法。这种“人”和“非人”的结合给人以生活的真实感受，同时也营造出一个迷幻虚妄的艺术氛围，在创作风格上实现了浪漫主义和现实主义的结合。在语言层面上，蒲松龄在运用文言的同时也吸收了当时的方言口语，使得文章通俗易懂。

《儒林外史》里有一批认为“学而优则仕”的读书人，他们把读书当成敲门砖，为了功名，为了财富，他们可以忘我地读书，可以从孩童时期考到年迈，只有一个目标，那就是要考取功名，光宗耀祖；书里还描写了一些贪官污吏，为了从百姓身上搜刮民脂以满足自己的私利，他们不惜牺牲百姓，却还高谈着“三年清知府，十万雪花银”。以封建社会中的知识分子作为主要的描写对象，以批判腐朽扭曲的科举制度为中心，对利欲熏心的文人士子、昏聩的官僚、卑鄙虚伪的名士以及整个封建礼教制度下灵魂扭曲的人民百姓等进行了抨击和讽刺。作者擅长借助故事中的典型情节，尖锐直接地揭露出社会矛盾。文本语言准确独到、生动形象，讽刺效果出众。《儒林外史》由多个单元共同组成，其中的每一个单元彼此之间可以联系起来，但它们又可以单独存在，这样特殊的长篇结构对后世的小说创作也有一定的影响。

《红楼梦》以贾、史、王、薛四大家族由盛到衰的过程为背景，以贾宝玉和林黛玉之间的爱情悲剧为主线，但它完全打破了才子佳人的固定创作模式，不仅写出了宝玉、黛玉之间的爱情悲剧，更以他们的爱情悲剧串联起了四大家族的兴衰，向腐朽黑暗的封建制度敲响了一记警钟。宝玉是小说的核心人物，他不喜欢阅读圣贤经典，也不走寻常读书人的仕途道路；他不看重长幼嫡庶，也反对传统的男尊女卑的观念，在当时可以说是一个“异类”。林黛玉由于自身性格的敏感多思以及寄居于贾府的处境从来不会规劝宝玉要功成名就，这也是他们感情和谐最重要的基础，因此说他们之间的爱情区别于传统的才子佳人模式。但封建礼教绝对不会允许跳脱于控制范围内的自由恋爱，更不用说是带有叛逆性质的爱情了，因此宝玉和黛玉的爱情注定以悲剧收尾。作品还描写了贾府里的各种日常事件，刻画出了各式各样的人物形象，同时也展现出人与人之间的复杂关系。此外，作者还深入人物的内心世界，根据他们的身份及社会背景来描摹他们的性格特点，从而让读者更为直观地感受到封建社会政治、经济、精神文化等方方面面的整体形象，充分暴露出封建社会制度的黑暗腐朽。作者善于结合人物的社会背景，通过细节和言语描写从多个角度来描绘人物形象，《红楼梦》虽然以爱情为主线，但却以家族兴衰的整个过程为背景，反映出整个社会的崩塌，将其中的各种矛盾穿插起来，形成了一个和谐的整体。

二、中国古代艺术成就

中国传统艺术十分绚烂，传统书法、美术、戏曲、音乐等经过几千年的积累，蕴藏着五千年文明古国深邃的文化底蕴。中国传统艺术是历代中国画家、书法家、作曲家等对中国人、社会和环境的理解，也是反映中国社会历史生活的一幅文化画卷。

（一）中国传统艺术的起源与发展

中国的各类艺术经历了长期而跌宕起伏的变化和发展，它们以其辉煌的审美风格和形式占据了一个时代的顶点和高峰，而各个时代的文化和艺术成就也都充分地体现出了那个时代的文化特征。

中国传统艺术的起源大致可以追溯到远古时期，距今 100 万年前的旧石器时代的磨制石器已经具备了质朴和谐的艺术美。新石器时代的原始歌舞、彩陶、黑陶等，已经有了相当的成就，中国艺术由此正式开启了美的历程。

夏、商、西周是我国的奴隶制时代，奴隶主将各种青铜器当作盛宴的器具用于摆放，并存置于宗庙里供奉祭祀其祖先。这些古代青铜陶瓷造型庄严灵动、种类繁多，有礼器、重器、葬器等，其制造工艺达到炉火纯青、近乎完美的程度，具有很高的欣赏价值，极富文化底蕴。这一时期也是我国书法艺术的起源，甲骨文是我国最早的可识文字。甲骨文又叫契文，从文字价值来看，甲骨文极具用笔、章法等书法要旨，字里行间蕴藏着独特的艺术美感，有很强的艺术欣赏价值。

春秋战国时期，奴隶制走向衰落。“季氏八佾（yì）舞于庭”（季氏用天子的舞蹈阵容在自己的庭院中表演舞蹈）僭（jiàn）越周礼，“郑卫之音”逐渐取代雅乐，礼乐制度走向解体，这是一个礼崩乐坏的时代。这一时期也有不少音乐作品，如屈原的《九歌》是南方民歌的代表和巫文化的典型音乐作品，荀况的《成相篇》是下层劳动人民讽刺时政、表达民意的歌谣。春秋战国时期的绘画正处在由萌芽向成熟过渡的阶段，构图和技法虽幼稚，但已有对透视画法的尝试。那时绘画常用来表现政治观点和哲理，相传楚国诗人屈原看到这些大型壁画，联系起自身的不幸，写成了《天问》。春秋战国的漆画以黑、朱两色为基调，多种色彩相间其中，丝织品上的纹样丰富多彩，这些作品都有非常高的绘画艺术价值。

秦汉至宋元时期是我国古代艺术全面发展和旺盛的时期。秦朝的艺术震撼世界。在雕塑艺术方面，秦皇陵兵马俑极尽生气、风骨和精神，千百个形神具备的官兵形象充满个性特征，表现了秦军气吞山河的磅礴气派，被称为“世界第八大奇迹”。书法方面，秦隶标志着古文字发展的最后阶段，是由古汉字向现代使用的楷书过渡的字体，为汉字的成熟奠定了基础。绘画方面，秦朝的壁画展现了时代的风采，如洛阳白马寺门前的壁画，是佛教壁画的开端和萌芽。

汉代的建筑、绘画、书法、音乐颇有成就。西汉的长乐宫、未央宫、建章宫等高大型宫殿规模之大，极尽雄浑威严之气势。汉代建筑追求壮丽之美，有“非壮丽无以重威，君子不壮不威”建筑理念，体现重威思想，宫殿和庙宇建筑设计真正达到了华靡伟大的地步。汉代是中国绘画史上的第一个高潮时期，《龙凤仕女图》是中国最早的绘画作品之一，宫殿壁画内容多是圣贤、功臣或神仙。这一时期的书法艺术达到了全盛发展时期，隶书在东汉进入了鼎盛时期，草书发展为较为成熟的字体，楷书和行书也开始萌芽。汉乐府成立于汉武帝时期，负责收集各地民间音乐，这些诗歌被称为“乐府诗”。许多千古流传的名句都出自《乐府诗》，《孔雀东南飞》《木兰诗》并称“乐府双璧”，乐府诗的地位可与《诗经》《楚辞》鼎足而立。

魏晋南北朝是中华各民族相互交融的时代，音乐、舞蹈带有明显的民族融合色彩，如《兰陵王入阵曲》《城舞》，其中《兰陵王入阵曲》影响了后世戏剧的发展。这一时期佛教盛行，绘画带有宗教的色彩，因佛教广泛传播而修筑的石窟寺遍布各地，例如山西大同的云冈石窟、河南洛阳的龙门石窟，都成为闻名世界的艺术宝库。

隋唐时期是中国封建社会的鼎盛时期。书法艺术高度繁荣，诞生了许多著名的书法流派，如颜真卿的楷书，张旭、怀素的草书，各成一体。绘画创作达到新的高度，中原风格和西域风格相互融合、影响，产生许多受欢迎的样式，人物画占主要地位，展现全新的风格，且宗教绘画向世俗化方向转变。音乐方面则吸收了西域和外来音乐的精华，创作出了各种优美典雅的作品。宋元时期，我国的商品经济飞速发展，由唐代沿袭而来的坊市制度被彻底废除之后，城市中出现了勾栏和瓦舍，将各种娱乐表演集中在一起，这促进了市民文化的繁荣，也诞生了早期的戏曲形式“南戏”。元代，北方形成“北杂剧”，这是一种融合了各种表演艺术形式而成的一种戏剧形式。其在内容上不仅丰富了久已在传统民间传唱的故事，而且广泛地反映了当时的社会现实，成为广大人民群众最喜爱的文艺形式之一。宋代的书画艺术因历朝皇帝的喜爱而繁荣，成就斐然，尤以山水画为最。元代文人仕途坎坷，文人以书入画，抒发愁情。

明清时期进入封建社会末期，君主专制达到顶点，艺术创作被压制，但也产生了各个领域的艺术精品。明清的宫廷建筑和园林艺术享誉世界，例如圆明园融汇了中西建筑艺术，极具时代特色。城市经济继续发展，市民阶层更为壮大，戏曲不断地吸收融合。清代四大徽班入京，不断交流融合，创造了京剧，京剧被视为中国国粹，位列中国戏曲“三鼎甲”之榜首，是世界非物质文化遗产之一。除此之外，明清的瓷器，如明代的白釉、青花瓷，清代的素三彩、五彩、珐琅彩等都是闻名世界的精品。

（二）中国主要传统艺术成就

1. 书法

（1）中国书法艺术概述

中国书法是一门古老的汉字书写艺术，有着独特的艺术形式。从字面上看，书法是指书写的法度，但书法不仅关注书写理论，还讲求美感。书法的中心是审美，要求把字写得美，写出神采，要求在书写技巧的基础上，融入书法家的审美情趣和个性气质。通过“书写”汉字来表情达意，寄寓性情的书法，是中华文化和艺术的核心体现。

汉字书法以汉字为载体，其形体由点画、结构、章法三者组成。点画是书法中最基本要素，写好点画与用笔有很大的关系，古人对点画有“点如高山坠石”“横如千里阵云”“竖有悬针与垂露之别”的要求。每一个汉字的结构都有大致的样式，但无定式，好的结字会妙趣横生，给人带来无限的美妙享受。写一幅作品之前，先要对作品的内容、字数了然于心，落款的位置要进行大致规划，这就是章法，也是书法的关键。

（2）中国书法演变

书法字体经历了五个演化阶段，即“篆书”“隶书”“草书”“楷书”“行书”。每个时代有不同的书写工具和书法流派，中国书法呈现出百花齐放、异彩纷呈的局面。

殷商时代，人们好饮酒、敬鬼神，王室在行事前会先占卜，并请专门的刻录师将占卜结果记录在龟骨或兽骨上，于是就有了甲骨文。甲骨文在结字、章法、用笔三方面发展，奠定了中国书法的基础。

周代以后，社会生产力发展，社会生活日趋复杂，文字数量也随之增加。记录方式以铭铸为主，记录材料从兽骨变成了钟鼎铜器、兵器和钱币，这样的铭文称为金文。金文在结字、章法上更加规范，制字时又精于雕琢，因而大幅提升了其观赏性。

秦统一后，推行“书同文”政策。代表秦书法艺术最高成就的是李斯，他在秦国原有书体的基础上加以省改，创制了全国通用文字——小篆。同大篆相比，小篆具有字体修长、线条均匀的特征，写起来比较便捷，为历代书法家所喜爱。

隶书萌芽于战国，创立于秦代，到了汉代，汉字的形式发生了极大的变化。处于隶属地位的隶书开始取代篆书，成为汉字的主要形式。与小篆相较而言，隶书变圆转为方折，笔画更为精简，结构更加固定，以后的草书、行书、楷书均来源于隶书。

草书产生于秦汉之际，是汉代人们为了简便快捷地书写而形成的一种书体。汉代对于书法的另一大贡献是创造了章草。章草是由草书和隶书相融而成的比较雅致的草体，章草比今草有规矩和法度，保留了隶书的笔法的行迹，上下独立而不连写。

魏晋之后，楷书、行书、草书一跃而成为主体，隶书退居次要地位，篆书则逐渐被人所遗忘。在隶书向楷书演变的过程中，不得不提的一位大家便是钟繇，他被后人称为楷书的鼻祖。钟繇将隶书扁平型转变为方正型，从笔法上取代隶书的蚕头燕尾，一种崭新的笔法脱颖而出。

行书最早是由东汉书法家刘德升所创，现在，刘的书法已无法得见。行书分为行楷和草楷，是介于楷书和草书之间的字体。行书不像草书那样潦草，也不像楷书那么整齐端正，实用性和艺术性都较高。

（3）著名书法家的代表性作品

①“二王”书法

中国书法史上，行书的第一大家当属魏晋南北朝时期的王羲之。他最初师从著名女书法家卫铄（shuò）学习书法，卫铄师出钟繇，因此王羲之也继承了钟繇的楷法，同时又改变了钟繇的笔法。他的行书作品《兰亭集序》被誉为“天下第一行书”，完美地体现了行书自由率真的特点，即使有重复的字，构体也不一样，如全篇有 20 多个“之”字，面貌与章法皆殊。王氏家族另一位书法家是王献之，与其父王羲之并称“二王”，在全面继承父亲技法与风格的基础上，创造性提出了“破体”，打破了楷与草的界限，书者可以根据自己的爱好和特长自由创作，解脱特定字体的束缚，王献之传世行书有《中秋帖》《鸭头丸帖》等。

②“虞欧褚薛”与“颜柳张素”

唐代书法的最大特点是追求法度，由于草书与行书写得自由洒脱，不易辨认，楷书就成了科举考试的通用书体。初唐时期，书法家欧阳询、虞世南、褚遂良、薛稷将魏晋时期南北两种不同的楷体有机统一起来，并且创造了一种崭新的楷体。“虞欧褚薛”四人的书法风格不尽相同，各有特色。盛唐时期，书法家颜真卿将“虞欧褚薛”的风格综合起来，形成了楷书艺术的最高峰——“颜体”。在全面吸收前人优点的同时，颜真卿又将自己大度刚正的人格融入书法，开创崭新书风。颜真卿以后，柳公权的楷书又形成了另一种风格，“柳体”成了后来汉字发展的基础，现代汉字的形体结构基本上脱骨于“柳体”。唐代书法另一成就是草书，其中，以张旭和怀素的狂草最为出名，狂草几个字或者一行字都能连绵直下，一气呵成，犹如龙飞凤舞，“张素”二人将草书推向另一个新的高度。

③“苏黄米蔡”与“瘦金体”

北宋最负盛名的书法家是“苏黄米蔡”，即苏轼、黄庭坚、米芾、蔡襄，书法史上把他们四人合称为“宋四家”。他们的书法作品集中体现了唐代追求法度向宋代追求意趣书法风格的转变。在中国书法史上还出现了一种特殊的书体——“瘦金体”。瘦金体由北宋的宋徽宗所创，其硬瘦锋利，笔法转折分明，别具一体。

④赵孟頫与明清诸家

开创在画上题字的是赵孟頫，他与苏轼一样是一位不可多得的“全才”，他力倡“复古”且长时间钻研“二王”与“颜柳”的书法，综合各家优点自成一体。明代书法工整但呆板，形成“台阁体”，明中叶以后，祝允明、董其昌开始了对个性的追求。明末清初，出现了一批中国书法史上最具浪漫色彩的书法家如徐渭、张瑞图等，他们冲破局限，创作出许多有新意又奇特的作品。清晚期书坛呈现出百花齐放的景象，也是中国古代书法大发展、大终结的时期。

2. 绘画

（1）中国传统绘画概述

我国古代绘画艺术源远流长，早在原始时代就出现了丰富的岩画和陶画。

周代以后，绘画成就主要体现在青铜器的纹饰上，独立的绘画艺术日益繁荣，我国目前发现的最早的具有独立意义的绘画作品是《人物龙凤帛画》。

汉魏时期，绘画艺术得到进一步发展。绘画的种类不断增多，据文献和考古挖掘发现，多种绘画形式在当时已经出现，如帛画、壁画、漆画、木刻画及画像砖等。

隋唐时期，我国的绘画艺术达到了全面繁荣。隋朝到唐初，世俗人物画迅速发展，多为描述帝王和贵族生活，随着佛教的传入与传播，宗教绘画也得到发展。山水画从人物画中脱离出来，独立成科，青绿山水画在唐宋时期一直占主导地位。我国的水墨画自唐代王维开始发展，山水画家用水墨渲染来代替青绿描绘，形成了“水墨美”的艺术格调。中唐时期，鸟兽禽画也开始发端，边鸾正是中晚唐花鸟画时代的天才画师，被称为“花鸟画之祖”。这一时期，中国画的三大体裁——人物、山水、花鸟日趋成熟并迅速发展。

宋元时期，绘画渐趋老成，宋代的文人多喜爱作画，这些由文人和士大夫所作的画被称为“文人画”，画中流露出浓烈的文人思想，注重抒发个人情意。宋代宫廷画家和由宫廷设置的画院所作的“院体画”也是这一时期绘画的特点，这类作品为迎合帝王宫廷需要，多以花鸟、山水、宫廷生活及宗教内容为题材，以宋徽宗赵佶的花鸟画最具成就。宋代还出现了反映市民生活的风俗画，生动记录了宋代城市面貌和当时社会各阶层人民的生活状况。

明清时期，绘画艺术出现了平民化的趋势，体现了接近世俗生活的倾向。在花鸟画方面，明中叶画家徐渭把写意花鸟画推向了抒发内心情志的新境界，其作品成为花鸟画发展中的里程碑。在文人士大夫醉心于山水与花鸟画时，陈洪绶的人物画独具风格，为人物画带来“中兴”。清代“扬州八怪”是当时最有影响力的文人画派之一，他们的共同特点是愤世嫉俗，画题以花卉为主，也画山水、人物，高度发挥了即景抒情的创造意志。此外，清末小说戏曲的插图等多种绘画形式也繁荣发展起来了。

（2）中国传统绘画撷英

①墨骨传神的传统人物画

道释画是以表现道教、佛教为内容的绘画门类。从魏晋南北朝至隋唐时期，道释画极为繁盛，顾恺之、吴道子、曹仲达等都是精于道释画的大师。“画圣”吴道子所绘的《送子天王图》深受隋唐佛教壁画的影响，在色彩的选择上喜用红、绿、黄等鲜艳华丽的颜色，画中的人物身穿华美的服装，十分高贵与庄严。在光线的运用上，次要人物与主要人物用光协调，突出了圣婴、摩耶夫人等的主体地位。

仕女画是人物画中以女性形象为描绘对象的绘画，最早发端于魏晋南北朝，所描绘的女子主要是古代的贤德妇女和神话中的仙女。唐代是仕女画的兴盛时期，唐代画家热衷于描绘贵族妇女的生活情调，宋以后的仕女图关注的对象向下层妇女迁移了。在仕女图的发展过程中，顾恺之被誉为“中国绘画始祖”，他的传世作品《洛神赋图》开创了中国传统绘画长卷的长河，相传是顾恺之在读曹植《洛神赋》时有感而作，他将不同地点与时间发生的事情都放在同一个卷轴中，一气贯通，增强了作品的感染力。

风俗画以社会风俗习惯为题材，始于魏晋，兴于宋代，到北宋后期及南宋，风俗画达到一个鼎盛时期。北宋张择端所作的《清明上河图》不仅是象征古代绘画艺术的杰出作品，更是研究我国古代文化、经济、政治、历史的重要依据。它生动地记录了北宋的城市面貌和当时社会各阶层人民的生活状况，被誉为“中华第一神品”。全图大致分为郊外春光、汴河场景、城内街市三部分，主要表现的是劳动者和小市民，画家十分细致地刻画出身份不同的每一位人物，各具特色，令人叹为观止。

②林泉高致的传统山水画

青绿山水画以矿物质石青、石绿等作为其主色，在古代绘画史上也占有很高的地位。隋代的展子虔创立了“青绿山水”这种绘画艺术形式，堪称当今青绿山水画的先驱和鼻祖。我国现存最早的一幅青绿山水画作品就是展子虔的《游春图》，该画用青绿的着色技巧描绘了当时贵族的生活情景。从此，山水不再只是一幅人物肖像画的背景，而具有了独立的地位。唐代“大小李将军”李思训和李昭道在充分继承隋代的着色山水画艺术传统和油墨画法的基础上，形成了“青绿为质，金碧为纹”的青绿山水画派。李昭道的《明皇幸蜀图》所描绘的画面就是安史之乱时唐玄宗入蜀地避难这一历史题材，画家画出了春天的各种景色，表现了蜀道的艰险，构图雄奇、明丽生动。

水墨山水画是中国画的一个分支，主要是由文人画发展起来的。水墨画发端于唐代，宋元之后，由于文人画的兴起，倡导写意的水墨山水画逐渐成为中国画的主流。据史界考证，中国泼墨山水画的鼻祖是唐代天才艺术家王维，他的传世作品《雪溪图》中，雪景寒江、小桥人家极富禅趣。王维将禅的精神融入山水画，追求“笔意清润”“水墨渲淡”的笔墨技巧，对水墨山水画来说是做出了开创性的贡献。

③富贵野逸的传统花鸟画

以飞禽走兽为创作内容的花鸟画，在五代时期出现了“黄家富贵，徐熙野逸”两种风格流派。以黄鹆为代表的“黄体”注重真实感，题材多是宫廷中的奇花怪石、珍奇异兽，他的《珍禽图》可以看出富贵而不柔媚，精致却不纤弱的造诣。北宋时期的花鸟画受黄鹆画派的影响，表现出“黄家富贵”的气派，宋徽宗赵佶的《芙蓉锦鸡图》中花鸟、锦鸡、飞蝶纤巧富丽，刻画细腻，有皇家华贵气派。此外，许多画家都成了专攻某一题材的大师，如薛稷擅长画鹤，曹霸精于画马，韩斡画的马有“唐马”之称，韩混擅画牛，他的《五牛图》将牛的健壮沉稳与憨实可爱刻画得惟妙惟肖。

以花卉竹石为创作内容的花鸟画，随着北宋文人画逐渐成熟，加上受到禅宗的影响，水墨花卉逐渐成为画家寄托情感、修身养性的艺术作品。梅、兰、竹、菊逐渐成为文人画中的常见题材。宋代文同以画墨竹著称，他爱竹达到了“竹如我，我如竹”的境界，《墨竹图》是他的传世佳作，构图极具动感，给人一种潇洒飘逸的美感。除了墨竹，也有专画墨梅、墨兰的，如扬无咎就以画墨梅著称，赵孟坚则以墨兰名世。

3．音乐

（1）中国传统音乐探源

乐舞艺术在原始社会就已出现，在远古时代，乐与舞是相互交融的，音乐和舞蹈统称为“乐”。先秦时期，我国音乐艺术最突出的特点就是歌、乐、舞一体，商代巫风盛行，出现了专门负责祭祀的巫和觋。春秋战国时期，周代的音乐极为发达，涉及生活多个方面，出现了许多音乐家，如伯牙、孔丘等。西周灭亡后，出现“礼崩乐坏”的情况，雅乐走向衰落，民间音乐出现空前繁荣的景象。秦汉时期，我国音乐开始多元化，有宫廷音乐、宗教音乐、文人音乐、民间音乐等。西汉时，国家还专设乐府来管理音乐。隋唐时期，中国的乐舞艺术达到了空前的大融合，燕乐是以传统音乐为主，吸收了少数民族音乐因素而形成的一种崭新音乐。在燕乐中最有代表性的就是唐代大曲，唐代大曲是集器乐、声乐、舞蹈于一体的综合性艺术表演形式。宋元时期的音乐形式由歌舞转向戏曲，元代杂剧兴起，戏曲音乐在元代获得了较大的发展。明清时期，民歌异常活跃是这一时期音乐艺术的重要特点之一。

（2）中国传统乐理及乐器

在乐理方面，我国古人创立了五音阶体系，把音分为“宫、商、角、徵、羽”，类似现在简谱中的1、2、3、5、6。

在乐器方面，中国自古就是一个器乐艺术十分发达的国家。西周时期，依据制造材料将乐器分为八类，即金、石、丝、竹、匏、土、革、木，即“八音”，这是中国最早的乐器分类法，到春秋战国时，乐器种类增多，出现了规模较大的乐队组合，以编钟和鼓为主要乐器的“钟鼓之乐”就是常见的组合。秦汉隋唐时期是我国乐器发展史的鼎盛时期，琵琶是汉魏以来随“丝绸之路”传入的乐器，到隋唐时已成为各类音乐活动中的主要乐器。宋以后，随着说唱艺术和戏曲的诞生，一些古老乐器不断改进，还出现了一些新乐器，如奚琴，即现在二胡的前身。

（3）中国传统音乐分述

①古琴音乐

古琴是中国最古老的弹拨乐器，有3 000多年的历史，被誉为琴、棋、书、画“四艺”之首，在古代是地位很崇高的乐器。中国古代有一种主要在贵族、文人、士大夫中间流传的音乐，这就是古琴音乐，弹奏古琴成为他们抒情言志的重要方式和途径，是古人的基本修养之一。

历代文人雅士多有擅长琴歌者，他们边唱歌，边用琴伴奏。我国古代最优秀的古琴演奏家是战国时期的伯牙，他的音乐修养很高，即兴创作水平也非常高，琴曲《水仙操》即为伯牙所作。伯牙高山流水遇知音，他与钟子期这对知音传为佳话，现在的《高山流水》琴曲就是出于此。东汉的蔡邕和蔡琰父女都是当时著名的古琴家和作曲家，流传于世的“蔡氏五弄”就出自他们。

②宫廷音乐

宫廷音乐是指历代在宫廷各种仪式上演奏的音乐，按演奏场合划分，可以分为两种音乐，即在群臣朝会办事的场所所奏之乐和在皇帝与后妃生活起居的地方所奏之乐。中国古代宫廷音乐的规模以隋唐两代最为宏大，所设立的音乐机构有大乐署、鼓吹署、教坊、梨园，这些音乐机构训练严格，等级分明，社会地位和待遇各不相同。教坊和梨园教习俗曲和法曲，著名的《霓裳羽衣舞》就是唐朝大曲中的法曲精品，是唐歌舞的集大成之作。相传唐玄宗亲自教梨园弟子演奏《霓裳羽衣舞》，由宫女歌唱，乐调优美，构思精妙，但“安史之乱”以后便失传了。

③宗教音乐

佛教音乐广泛存在中原汉族居民区，一部分是法事音乐或庙堂音乐，另一部分为民间佛乐或民间佛曲。所用的乐器有地区的差异，中国北方的佛教庙宇喜用吹管乐器，如管、笛、笙等；南方则在此基础上，添加了管弦乐器，如箫、琵琶、二胡等。各地所演奏的曲目也不同，与当地的民间传统乐曲有关。

道教音乐是道教进行法事仪式时，为神仙祝诞、降妖驱魔及超度亡灵时使用的音乐，依据法事活动内容的不同，所选用的经文和演奏曲也不同。例如正月初九是玉皇大帝诞辰，要演奏《玉皇本行集经》，上元节、中元节、下元节则要唱诵《三元妙经》。道教音乐具有烘托气氛、增强信仰者对神仙世界的向往和对神仙的崇拜的作用，吸收了古代宫廷音乐和传统民间音乐的精华，形成了独特的艺术风格。

4. 戏曲

（1）戏曲的起源与形成

戏曲的起源最早可以追溯到上古时代的原始歌舞。从内容上来看，原始歌舞反映狩猎生活、农业生产、战争征伐，是戏曲发展最远的源头。我国出现最早的职业演员大致在西周后期，那些供统治者娱乐取笑的人，被称为“优”，“优”又分为“俳优”和“倡优”。这些艺人在当时地位低贱，却是我国早期滑稽艺术的创造者，戏曲中插科打诨的场面，与他们有着一定的关系。

戏曲的形成应追溯到秦汉时期，汉代加强了与西域文化的交融，一些西域民间技艺传入中原，加上宗教艺术的盛行，各种歌舞百戏繁荣发展。唐代的歌舞戏和参军戏有故事情节、人物对白和场面布置，这些艺术因素保留至今。

到了宋元时期戏曲才得以成型，北宋城市中的瓦舍将多种表演技艺集合在一起，提供了一个固定的演出场所，“宋杂剧”由此出现。宋金南北分治以后，留在北方金国的宋杂剧得以发展，称为“金院本”，受契丹、女真等少数民族艺术的影响，形成了自己的特点。宋高宗赵构建立南宋，迁都温州，许多艺人纷纷来到温州，“南戏”从宋杂剧中汲取养料，壮大了自己。成熟的戏曲要从元杂剧算起，它是在宋杂剧和金院本的直接影响下，融合各种表演艺术形成的一种戏剧形式，在唐宋以来的说唱文学、词曲、话本基础上，创造了成熟的文学剧本。

明清传奇是宋元南戏发展而成的戏曲形式。随着戏曲中心的南移，使用北方语言的元杂剧乐曲演出已无法适应南方观众的需求，一人演出的形式限制了其他角色的塑造，加上杂剧演出逐步进入宫廷狭小的圈子，元杂剧到了元末明初始告衰竭。南戏则吸收了北杂剧的长处逐渐形成了一种新的戏曲样式——传奇，传奇标志着我国戏曲比较完整的戏剧体系的形成。

（2）中国传统戏曲集萃

①清峭柔远的宋元南戏

宋元南戏起源于民间，题材多来源于民间传说、民间说唱、历史故事、宗教故事，也有取材于现实生活的真实故事。其中反映男子婚变，成功之后忘恩负义的戏文引人注目。《赵贞女与蔡二郎》《王魁负桂英》就是这样的作品，二者被称为“戏文之首”。很多戏文的题材反映了当时妇女的不幸，强烈谴责了那些道德败坏的人物。这些作品歌颂恋爱自由，提倡婚姻自主，大部分具有比较鲜明的反封建主题。还有一些作品描写了离乱中的男女在家庭关系遭到破坏后的艰苦，反映当时妇女追求幸福生活的愿望，如高明的《琵琶记》，它改编自《赵贞女与蔡二郎》，将原本故事情节中蔡伯喈（jiē）的背亲弃妇变成了忠孝两全，将蔡伯喈做官再娶与蔡家的幸福对立起来，突出了“事亲”与“事君”的矛盾，对封建社会的罪恶多有揭露，也表达了对封建道德的不满，《琵琶记》象征着南戏的最高成就。

②劲切雄丽的元杂剧

元杂剧是在金院本的基础上，吸收了民间歌舞与当时流行于北方的诸宫调。早期的元杂剧拥有众多剧作家和优秀剧作，著名作品如《西厢记》《窦娥冤》《单刀会》《梧桐雨》《赵氏孤儿》《墙头马上》等。这些作品揭露了社会的黑暗，反映了元代被压迫人民的愿望，提出了元代社会种种急需解决的问题。例如关汉卿的代表作《窦娥冤》，买戏被张驴儿逼婚不成反诬告窦娥杀其父，昏官将窦娥处斩，窦娥感慨世道不公，发出“血染白绫、天降大雪、大旱三年”的冤怨，其父窦大章中弟仕高官，最终为女儿平冤昭雪。元杂剧还塑造了一批敢于反抗的顶本人物，如岳家军、杨家将。还有描写爱情的题材，如王实甫的《西厢记》，书生张生与相国小姐崔莺莺，冲破封建的重重障碍，修成正果，表达了剧作家否定封建社会传统的包办婚姻形式。除此之外，前期元杂剧还有表达故国之思、宣扬宗教的内容。

③典雅华美的明清传奇

明清传奇作品数量庞大，对后来传奇剧作产生影响的要数柴展旦的《浣纱记》，它是根据明代传奇作品《吴越春秋》改编的。越土勾政在大四当人质，听从越国大臣范蠡建议，送浣纱女西施侍奉吴王，磨灭其志，离间吴国君臣关系，三年后，越王被放回，君臣苦心经营，最后打败了越国。《浣纱记》开拓了昆仑腔移植入戏曲的先河。如汤显祖的《牡丹亭》，它对封建礼教进行了批判，表达人内在的情感欲求，体现情与礼的冲突。标志着传奇创作走向高峰的是洪昇的《长生殿》与孔尚任的《桃花扇》，它们深刻地总结了王朝灭亡的经验教训，歌颂了民族爱国英雄，怒斥了昏君与佞臣，是我国古典戏曲的压卷之作。

第三章　中华优秀传统文化传承的理念

中华几千年来一直保持着一个民族的地位，这和中华优秀传统文化的长时间积淀是分不开的。自古以来，中国在世界上的影响，并不是依靠武力扩张，也不是依靠侵略掠夺，更多的是依靠中华文化的巨大魅力。这就要求我们在建设人类命运共同体、实现中国梦的过程中，不断增强文化自信，不断汲取优秀传统文化的精神力量。

第一节　坚持马克思主义的指导

一、马克思主义对传承中国有效传统文化的重要意义

强调对中华优秀文化的继承与发扬，必须坚持以马克思主义为理论指导的立场。在《关于实施中华优秀传统文化传承发展工程的意见》中，明确提出，要在马列主义、毛泽东思想、邓小平理论、“三个代表”重要思想和科学发展观的指导下，在中华优秀传统文化的历史进程中，坚定地走社会主义文化的前进道路。要让优秀传统文化为中国特色的社会主义文化建设与发展服务，就必须以马克思主义的理论为基础，以培养民族精神与时代精神为基础。在实践中，必须强化组织领导，坚持以马克思主义为指导，以坚定文化自信为目标，以中国特色社会主义为目标，以实现中华民族的伟大复兴为目标，以解决现实问题，推动社会进步。

（一）为传承中华优秀传统文化指明了科学方向

马克思主义作为人类解放的科学理论，是革命性与科学性的统一。对待传统文化，马克思主义创始人坚持革命性的批判，又坚持科学性的继承。马克思恩格斯认为传统是人类创造历史的基础，指出：“人们自己创造自己的历史，但是它们并不是随心所欲地创造，并不是在他们自己选定的条件下创造，而是在直接碰到

的、既定的、从过去继承下来的条件下创造。”[①]

俄国十月革命胜利后，列宁针对苏联文化建设中出现的思想分歧之处：“应当明确地认识到，只有确切地了解人类全部发展过程所创造的文化，只有对这种文化加以改造，才能建设无产阶级的文化，没有这样的认识，我们就不能完成任务。”[②]马克思、恩格斯与列宁等人对传统文化批判继承的思想，为我们传承弘扬中国传统文化指明了科学方向。

（二）马克思主义中国化取得巨大成就

马克思主义作为我国各个领域的指导思想也被明确写入《中华人民共和国宪法》（2018 年修正案）：“中国新民主主义革命的胜利和社会主义事业的成就，是中国共产党领导中国各族人民，在马克思列宁主义、毛泽东思想的指引下，坚持真理，修正错误，战胜许多艰难险阻而取得的。”这就意味着，我国文化的传承与发展必须以马克思主义为指导。

要使优秀传统文化在建设和发展中国特色社会主义的过程中发挥作用，就要立足于马克思主义的基本原理，立足于对民族精神和时代精神的培育。在具体实施过程中，要加强组织领导、坚持马克思主义理论、坚定文化自信、建设有中国特色的社会主义、实现中华民族伟大复兴、解决实际问题、促进社会发展。

（三）马列主义、毛泽东思想与中华优秀传统文化的内在关联

第一，中华优秀传统文化“不患寡而患不均，不患贫而患不安”，讲均平、讲共享、讲公天下，从马列主义到毛泽东思想一直反对剥削、提出公有，以大同为目标。

《易经》井卦上六爻辞云：“井收勿幕，有孚元吉。”井打好了，验收了，这个时候千万不要有一个有私心的人把它盖起来，掩盖井口，不要把这口井据为己有，这就是井收勿幕。有孚元吉中的孚就是信的意思，开诚布公，如果有这样开诚布公的精神，那社会就非常吉祥了。今天来说，我们构建人类命运共同体，事实上就是井收勿幕，有孚元吉。

第二，传统文化是人伦主义，毛泽东思想是集体主义，爱国主义这都是一种

① 马克思，恩格斯．马克思恩格斯全集：第 1 卷 [M]. 北京：人民出版社，2002.

② 列宁．列宁全集：第 8 卷 [M]. 北京：人民出版社，1986.

更注重群体的伦理结构。

比如，我们的优秀传统文化，我们说天地君亲师，我们也说父子、兄弟、夫妇、朋友、君臣。我们说敬老爱幼，我们也说慎终追远，《论语·学而》:“曾子曰：慎终追远，民德归厚矣。”中国人的人伦结构，就是一个小我推到家庭，推到朋友、社会再到国家，再到人类天下。小我很容易提升为大我，关心小我，也关心大我。这一点我们优秀传统文化和毛泽东思想是共通的。

第三，道德哲学里的两个谱系，德性论和权力论。传统文化、马克思主义、毛泽东思想都是德性论，我们优秀传统文化讲义务，讲修己利他，具有“以天下为己任”的强烈使命感。儒家讲究“格物、致知、诚意、正心、修身、齐家、治国、平天下”，这种“内圣外王”功夫，无疑不体现着儒家的“家国天下”意识。

马克思有其自觉的担当意识和拯救情结，他说过，科学绝不是一种自私自利的享乐。有幸能够致力于科学研究的人，首先应该拿自己的学识为人类服务。马克思最喜欢的格言之一，就是“为人类工作”。毛泽东思想讲求无私无我，为人民服务，这都是德性论，这是修为自己的人格，是发挥人性光辉的一种道德谱系。

马克思列宁主义进入中国，经过毛泽东思想的吸收以后，它已经中国化了，它和中国文化的内在是同构的，他对我们来说更容易接受和明白，实践起来也更容易成功和适应。从邓小平理论、江泽民的“三个代表”重要思想、胡锦涛的科学发展观，到习近平新时代中国特色社会主义思想，都是一脉相承的。

因此，我们要用马克思主义积极引领传统文化，只有坚定马克思主义信仰，从马克思主义真理中汲取智慧与力量，我们才能担负起新时代中国特色社会主义文化建设、传承中华优秀传统文化和提升文化自信的历史使命。

二、坚持马克思主义的指导地位

中国共产党始终坚持用马克思主义作为自己理论和实践的指导，把马克思主义和中华优秀文化有机地结合起来，建设有中国特色的社会主义文化，始终是自己的奋斗目标。中国特色社会主义，既是在马克思主义的指导下创建和发展的，又是在中国悠久的文化传统的浸润和滋养下形成的。在坚持和发展中国特色社会主义过程中，马克思主义与优秀传统文化二者都起着不可取代的重要作用，它们相互融合，相辅相成，相互促进，共同构建起中国特色社会主义的文化体系，为全党全社会构建起一种共同的思想文化根基。

“文化上的每一个进步，都是迈向自由的一步。人类社会的发展，始终伴随并倚赖着文化的进步。”[①] 中华民族正是在以马克思主义为指导的先进文化的引领下，在实现中华优秀传统文化的创造性转化和创新性发展的过程中，延续民族精神命脉，坚守文化的主体性和精神独立性。全球化时代，不同国家和民族的文化以前所未有的广度、深度、频度进行交融交流交锋，任何国家要想回到近代以前相对封闭的环境中自给自足地发展自身文化已经不可能、不现实，坚守国家和民族思想文化的独特性，保持国家和民族精神的独立性，所面临的挑战更加严峻紧迫。越是在这样一种多元文化激荡的错综复杂态势下，我们越是应该清醒地认识到坚守中华文化立场、传承精神命脉、夯实精神根基的重要性。

中国特色社会主义文化是在传承优秀传统文化基础上发展起来，如果因为传统文化中有消极、负面的因素，我们就一概否定，不仅不利于保持文化自信与精神自立，还必然导致固有精神家园的损毁和精神根基的坍塌。如果因为优秀传统文化能够提供丰厚的精神滋养和思想养料，就主张全面回归传统，不按照新的实践和时代要求进行正确取舍，一股脑儿照搬照用，甚至试图将儒学意识形态化，取代马克思主义的指导地位，那么，就会动摇中国特色社会主义事业发展的思想基础和精神根基。

对传统的理解，要建立在“现在”的基础上，如果只从“过去”的角度来解读，那么，对传统的发扬，必然要与“复古”“保守”相结合。习近平总书记清楚地指出，在对待中华优秀传统文化时，必须以辩证唯物主义与历史唯物主义相结合的方式，以客观、科学、尊重的方式，去其精华，去其糟粕，扬弃继承，转化创新；我们要坚持古为今用，洋为中用，去粗取精，去伪存真，通过科学的扬弃，为我所用。

“中华文化是一个涵盖过去、现在、未来的动态演进性的概念范畴，融历史指向和现实要求于一体。”[②] 当下，我们强调对优秀传统文化要有自信，不仅要为五千多年连绵不断、不曾断流的中华文化而感到自豪，更重要的是要接续发展、再造辉煌。中华文化之所以能够源远流长，说到底是因为它蕴含着优秀基因，体

① 耿超．中国特色社会主义文化自信论[M]．桂林：广西师范大学出版社，2016．

② 李月明．文化自信的意义、来源及表征[J]．实事求是，2015（5）：22—30．

现民族精神，富有永恒的魅力，是因为中华优秀传统文化的丰富哲学思想、人文精神、教化思想、道德理念等，可以为人们认识和改造世界提供有益启迪，可以为治国理政提供有益启示，也可以为道德建设提供有益启发。

中华民族的伟大复兴是全面的复兴，内在地包含着文化复兴的要求，更需要文化复兴来提供强大的精神动力。增强文化自信，我们要将优秀传统文化作为思想土壤、精神命脉和智慧源泉，要致力于返本开新，承古开今，推动新的文化创造，成就新的文化力量，推动新的伟大实践和伟大事业。同时我们要清醒地认识到，文化不是化石，不因其古老而有价值，是因其具有生命力而有意义。文化复兴绝不是文化复古，传承弘扬传统文化不是泥古不化、守旧复古，重回“独尊儒术”的时代，更不是厚古薄今、以古非今，用“儒统替代马统”，其现实指向是以古鉴今、古为今用，其根本目的是承古开今、返本开新。

自信是以自知为基础，也是以清醒自省为前提。毛泽东早已提出，中国在漫长的封建社会时期，曾产生过辉煌的古代文明，并在此基础上，对其进行批判性的归纳，这也是我们要做的工作。通过对古代文化发展历程的梳理，吸取其优秀的民主精神，这对于发展新的国家文化，增强国家自信，具有十分重要的意义；然而，绝对不能毫无批评地把它们统统结合起来。

无论哪个国家、哪个民族、哪个时期，其文化都存在着先进与落后的区别。在一定的历史背景下，形成的传统文化，必然会存在着一些陈旧、过时的东西或消极、糟粕的成分。即便是那些可以为我们提供有益启迪、重要启示的人文精神、道德理念，我们也必须与时代条件相结合，对它们进行继承和发扬，并赋予它们时代新义和先进内涵。多元的文化形态，始终都会在交流、碰撞、融合的过程中，产生互动关系。其中，精华和糟粕并不是泾渭分明、截然二分的，它们经常会相互纠缠、混合在一起，并处在此消彼长的动态调整与变化过程中。

中国传统文化具有鲜明的两重性与矛盾性，既蕴含着体现人类智慧的思想精华，又遗留有封建性思想糟粕；既有积极革新、发展进步的一面，又有消极保守、落后反动的一面。“任何民族都要珍爱自己的优秀传统文化，但绝不能仅仅固守、僵化优秀传统文化，否则只能在停滞中窒息、消耗优秀传统文化。”[①]“返本”是为了“开新”，没有创造性转化，传统就是传统，永远不会变成现实；没有创新性

① 廖小琴．文化自信：精神生活质量的新向度[J]．齐鲁学刊，2012（2）：74—83．

发展，历史就是历史，永远不会走向未来。只有整个社会的文化朝着先进的方向发展，才能推动社会发展。我们对优秀传统文化有自信，绝不意味着盲目取用，更不是要返古、复古，而是以对民族文化的科学认识、辩证分析为前提的，以提升人民精神境界、壮实国家和民族的精神力量为追求进行取舍的。

中国共产党一直致力于坚持中华民族自主革新、自我复兴的文化出路，始终坚定不移地以马克思主义中国化的立场来务实、辩证地对待中华文化，推动中华文化创新发展。以马克思主义为指导是中国特色社会主义文化先进性的根本体现。实现中华优秀传统文化的创造性转化、创新性发展，绝不能离开马克思主义这个思想武器的指引。

邓小平曾明确指出："属于文化领域的东西，一定要用马克思主义对它们的思想内容和表现方法进行分析、鉴别和批判。"[①] 坚持马克思主义的指导和引领，运用马克思主义的立场、观点和方法来分析、研究中国传统文化，从中区分出精华与糟粕、先进与落后，才能懂得究竟要从中摒弃什么、改造什么、汲取什么、弘扬什么，做到有鉴别地加以对待，有扬弃地予以继承，才能划清社会主义思想文化同封建主义、资本主义腐朽思想文化的界限，真正地繁荣发展中国特色社会主义文化。"有鉴别"就不是全盘肯定或全盘否定，不能一股脑儿都拿到今天来照搬照用；"有扬弃"就是有弘扬也有舍弃，弘扬具有当代价值的文化精神，舍弃落后、腐朽的糟粕。

三、坚持以社会主义核心价值观为引领

（一）社会主义核心价值观与传统文化的关系

首先，要厘清"价值"和"文化"之间的关系，就必须对"价值"和"文化"进行界定。就一个国家、一个民族而言，是由价值这个看不见的绳索把无数人联系起来的。一个国家和民族要建立正确的价值观，就要从文化中找到那些广大人民都渴望的美好思想，并加以发扬和提倡，让这些思想变成人们共同的情感认同、行为习惯、价值追求和行动指南。

① 李雪．邓小平新闻理论与中国新闻改革[M]．北京：高等教育出版社出版，2003.

“价值观深深地植根于文化之中，文化是价值观的根基和源泉。”① 价值观成长于文化母体之中，文化必定对价值观的形成产生重大的影响。但是价值观是文化思想的凝练、升华，是文化精髓的集中体现。

在我国，优秀的传统文化为价值观的建设提供了丰富的营养。习近平总书记指出，中华优秀的传统文化，是我们每个人的精神血液，也是培育和践行社会主义核心价值体系的重要资源。我们来看他们之间的对应关系（表 3–1–1）。

表 3–1–1　传统文化与社会主义核心价值观比较

社会主义核心价值观	爱国 敬业 诚信 友善 自由 平等 公正 法治 富强 民主 文明 和谐
中华优秀传统文化	忠勇 敬忠 笃信 孝悌 节俭 仁爱 义公 廉耻 勤智 谦睦 礼让 恕中

以孝悌实现友善，以笃信实现诚信，以敬忠实现敬业等，比如说，社会主义的友善绝对不是一般的打个招呼，握握手，应该是有一种真正的，人与人之间内在的友好的关系，内在的互帮互助的关系，那么我们就需要看看中华传统美德中的孝和悌了，一个人如果对自己的父母不能尽孝、不能兄友弟恭，那么你要他对陌生人友善，这是很难的。孝悌是中国人德性修为的根本，能够对自己的父母尽心，兄友弟恭，这种可知可感的，开始产生一种责任感，一种道德的上进心，这样才能做到“老吾老以及人之老，幼吾幼以及人之幼”，能推己及彼，达到社会主义的友善。

再来看敬业，社会主义核心价值观提到的敬业，不仅是赚钱，也不是谋生糊口。社会主义的敬业，是指对于工作有一种真正的喜爱、投入、献身的精神，要达到这个的话，我们来看看中华传统美德中的敬和忠这两个字，传统文化中敬和忠是有特别含义的，敬不只是说鞠个躬，握个手，说几句客套话，而应该是发自内心的端正恭谨，这叫作敬。尽已之谓忠，也就是说尽自己角色应有的义务，对自己的岗位敬业，对自己的国家能够尽己，这才叫作忠。一个人他在内能有敬这种端正恭谨的精神，而行之于外，他能够尽己，这样的话就能够实现社会主义核心价值观真正意义上的敬业了。

从这里我们可以看到，我们社会主义核心价值观要实践，是需要从我们身边

① 刘士林．中华文化自信的主体考量与阐释[J]. 江海学刊，2009（1）：13–20.

可知可感的父慈子孝、兄友弟恭、夫和妇顺、朋友有信、君礼臣忠，然后逐层地提升道德能量。而弘扬优秀传统文化，坚定文化自信必须有强大的价值引导力支撑，要有主心骨，社会主义核心价值观便是引导弘扬传统文化、提升文化自信的强大精神动力。

（二）用社会主义核心价值观规范传统文化

通过对社会主义核心价值观与传统文化关系的探讨发现，价值观具有鲜明的时代性。社会主义核心价值观是符合新时代的价值观，用优秀传统文化培育文化自信要以社会主义核心价值观为引领。习近平指出，“社会主义核心价值观把涉及国家、社会、公民的价值要求融为一体，既体现了社会主义的本质要求，继承了中华优秀传统文化，也吸收了世界文明有益成果，体现了时代精神。”[①]同时传统文化在社会主义核心价值观的规范下也会体现出时代性。

一个传统的古老文明所包含的丰富文明，绝不能只属于一个民族，也绝不能仅仅成为对过去的缅怀，它一定有能力与新时代的进步文化相融合，成为时代性的东西。民族精神的民族性不会对时代产生排斥。而任何一个处于领先地位的国家，其民族精神又是民族性和时代性的有机统一，即优良传统和当代精神的有机结合。与此同时，在我国，社会主义核心价值观是一种主流意识形态，只有用与时代精神相一致的社会主义核心价值观来引导和规范优秀的传统文化，坚定文化自信，才能走在时代的节奏上，才能保证正确的发展方向。

第二节　坚持受众为主体与价值建构

一、“受众为主体”释义

“受众为主体”即“受众本位”，是传播学中的一个名词。

受众本位原则是指在传播信息时，要以受众的需求和利益为出发点，从受众的角度出发，考虑信息的传递方式和内容，以达到最佳的传播效果。这一原则在现代社会中越来越受到重视，因为信息传播的方式和渠道越来越多样化，如何让

① 陈卫平．历史传统与当代探索[M]．上海：上海人民出版社，2021．

信息更好地被受众接受和理解，成了一个重要的问题。

在实际应用中，受众本位原则可以体现在多个方面。首先，要考虑受众的需求和兴趣。不同的受众有不同的需求和兴趣，因此在传播信息时，要根据受众的特点和需求，选择合适的传播方式和内容。比如，对于年轻人来说，他们更喜欢通过社交媒体获取信息，因此在传播信息时，可以选择在社交媒体上发布相关内容，以吸引年轻人的关注。

要考虑受众的知识水平和文化背景。不同的受众有不同的知识水平和文化背景，因此在传播信息时，要选择合适的语言和表达方式，以便受众更好地理解和接受信息。比如，对于一些专业性较强的信息，可以选择使用专业术语和图表等方式，以便专业人士更好地理解和应用相关信息。

要考虑受众的反馈和意见。在传播信息的过程中，要及时收集受众的反馈和意见，以便及时调整传播方式和内容，以达到更好的传播效果。比如，在社交媒体上发布相关内容时，可以通过受众的评论和点赞等方式，了解受众的反馈和意见，以便及时调整发布的内容和方式。

受众本位原则是一种重要的传播原则，它可以帮助我们更好地传播信息，提高传播效果。在实际应用中，我们应该根据受众的需求和特点，选择合适的传播方式和内容，以便让信息更好地被受众接受和理解。同时，我们也应该及时收集受众的反馈和意见，以便及时调整传播方式和内容，以达到更好的传播效果。

二、优秀传统文化传承中的“受众主体”

这里以《上新了·故宫》第二季为例，说明传承中华优秀传统文化时，如何坚持以受众为主体，实现传统文化的价值重构。

2020 年恰逢故宫的六百岁生日，作为中华文化的璀璨集群和中华文明的一大象征，故宫对其文物的展示也日益成为增强文化自信的着力点。尤其是对如日中天的文化类电视节目而言，如何借助电视这一大众媒介“向世界人民讲好中国故事”已然成为各个电视台复兴中华文化的重点之一。不言而喻，收视口碑良好的《博物馆之夜＜如果国宝会说话＞国家宝藏》等大型文博类节目已经成为一种成功的实践，引起了各个卫视的争相模仿。然而，在同质化日趋严重的情况下，如何让收藏在禁宫里的文物和陈列在广阔大地上重新“活”起来，就成了相关节目组策划团队有待挖掘的丰富宝藏。此外，随着5G技术全面落地，面对年轻受众群体，中华优秀传统文化在新时代又该如何绽放古老的魅力，也成了电视节目制作组不断探索的新方向。更何况，对于优秀传媒人而言，如何承担起传承民族文化的历史使命，助力中华文化的全面复兴，也是传媒界不得不考虑的时代命题。当然，颇具收视率的《经典咏流传》《中国诗词大会》《朗读者》《中国汉字听写大会》等一大批文化类节目的持续热播，直接鼓励了各种文化类电视节目的开掘与创新，而观众口碑极好的《上新了·故宫》第二季更是堪称深度开掘与全面创新的典范。

在学界和业界的不断探索和实践中，由北京卫视和爱奇艺播出的《上新了·故宫》第二季成为众多大型文化类季播节目中的佼佼者。该节目以“文创＋综艺”的形式，在内容上深挖文物背后的传奇故事，借助明星和故宫的各种渊源，充分满足年轻受众对娱乐和趣味的接受心理。在文化和审美相结合的理念下，节目打造了文创产业网络营销与故宫文化完美合体的消费体验，实现了文化，审美，消费三个维度的联动与融通，为不同卫视文化类电视节目的精神价值与商业价值的共同建构与有机结合提供了宝贵经验。

（一）优秀文化：文化类电视节目的传播内核

随着近年来诸多综艺节目的兴起与式微，快餐式的浅层次消费日渐将娱乐至死的呼声推向高潮。与此同时，在我国对文化自信的大力倡导之下，2017年也被称为文化综艺节目元年，此后各个卫视的文化类节目更是层出不穷。从汉字到成语，从诗词到传唱，从朗读到阅读……形式多样且不乏娱乐元素的文化盛宴，让《中国诗词大会》《见字如面》《中国汉字听写大会》得到高度认可，而且也使得大众对明星和娱乐的态度逐渐从注重趣味性和消遣性转向对价值的传播。而且，广大受众一旦有了这种认知格局，文化类电视节目就成了水到渠成之事。

毕竟市场的需求决定着内容生产的导向，消费欲望就是生产的动力，作为精神产品的文化类节目自然也不例外。正是在这样的供需环境中，2017年以来的文化类节目一方面表现出了题材多元化和形态多样化的亮点，令人耳目一新；另一方面随着一个节目的走红，其他类似节目扎堆出现甚至呈现井喷之势的现象更加司空见惯。久而久之，在商业资本的干预下，原本属于一股清流的文化类电视节目也难免出现了题材跟风、样式雷同、形态相似、嘉宾集中等同质化现象。这些现象的出现是内容生产缺乏特色，节目理念不够新颖，传播形态有待改进，受众定位陷于窠臼，价值建构不够明晰，审美导向模糊混乱所致。如此一来，目前正如日中天的文化类节目也就难免表现出了消费动力减弱、市场萎缩、口碑下滑的趋势。长此以往，受众的审美疲劳也在所难免。因此，对于文化类电视节目而言，瓶颈期近在眼前，全面的创新迫在眉睫。

在这种传媒生态下，《上新了·故宫》横空出世，并斩获上海第25届电视节白玉兰奖的“最佳电视综艺节目”。该节目在结构上依托故宫文物的历史资源，精心设计了“探寻任务”“故宫考古”“上新了·文创”“上新时间”4个板块，在内容上凭借其传统历史文化的创新性表达，一举俘获了业界和学界的高度青睐。2019年11月8日，意在向故宫六百年诞辰献礼的第二季开播，在受众的高度期待中，节目依旧不负众望，赢得极高评分。相较之下，第二季的节目策划在保留第一季节目特色的基础上，更加专注于故宫文化的精准传播和趣味传承的多种可能性。同时，节目组在大历史观的指导下，一方面将探索视角进一步延伸至中华民族上下五千年的悠久历史之中，另一方面安排故宫文创新品开发员及飞行嘉宾，在故宫博物院专家的专业讲解下，以突破性的问题意识带领观众更大范围地解锁未开放区域的“故宫文化”，以便受众了解更多的故宫“新事”及其所收藏的传奇文物。

与此同时，在不同助阵嘉宾的精彩演绎下，故宫六个世纪的历史变迁和文明延续在小剧场板块得到了深度揭秘，这不仅大大满足了观众的好奇心，也成功唤起了观众对文物的敬畏之情，以及“此生不悔入华夏”的骄傲之感。此外，第二季还以独特的方式对文化革新进行了重新设计。首先，就是将这个“前店后厂”的“创新研究院”，打造成一个“超级文创生态圈”，作为一个销售和展示的终端，将文化、消费、美学融为一体。这一次的提升，一方面打破了文化信息的时效性，另一方面，也将诸如《故宫星光游历》系列、《养心怡然》系列、《碧海青心水具系列》《天音衣裳系列》等具有故宫元素的相关产品和设计概念推向了大众，从而唤醒了更多的年轻人对于中国传统文化的热爱和继承。除此之外，将权威学者们对故宫的最新研究成果和考古发现首次通过电视这一大众媒介展示给观众，极大地增强了国民的文化自信和民族自豪感。加之，故宫作为皇家建筑的集大成者和收藏丰富文物品类的博物馆，除了其本身承载的明清历史，“两宋的清雅、汉唐的雍容，魏晋的风骨甚至远祖的信仰”等典型的文化特质，也都在《上新了·故宫》第二季中得以一一呈现。显然，作为一种不可复制且独具魅力的优质传播内容，这种文化特质的呈现既是历史脉络的内在关联，也是中华文明不可缺失的文化内核。

总之，《上新了·故宫》第二季将文物蕴藏的故事和现实生活相结合，将综艺节目的优势元素熔铸到历史遗产的传播和演绎中，既为文化类综艺节目提供了内容上的借鉴，也表现出了强大的生命力和创新力。显然，这种“文化+综艺”的传播模式既注重以厚重的文化遗产作为展示主体，又借助当红明星的生动演绎展示了故宫文物的“年轻范儿”。这种融合不仅摆脱了综艺节目单向度追求娱乐性和消遣性的固有特质，也彰显了历经六百年风云变迁的紫禁城在穿越时空后重获新生的文化魅力。同时，“《上新了·故宫》第二季在已有文化类节目的经验基础上，不断尝试创新与突破，日渐形成了受众的‘文化习得者+文化参与者+文化消费者’模式。”[①] 作为一档电视类文化综艺节目，《上新了·故宫》对中华优秀传统文化的传承与传播具有毋庸置疑的意义与价值。当然，这也让节目研发团队再一次意识到：徒有形式的创新或者盲目的跟风模仿，根本不可能让文化类节目走得长远；只有潜心致力于传播中华优秀传统文化，才是文化类电视节目始终立于不败之地的传播内核和赢得受众与市场的最终筹码。

（二）审美导向：历史遗产与年轻受众的契合

故宫作为一座庞大的皇家宫殿和等级森严的集权符号，数百年来始终以高贵、威严的姿态进入人们的视野。但近几年来，随着文化类季播节目《上新了·故宫》的开播，故宫在人们心中一改刻板印象，摇身一变成为年轻的网红和超级文化 IP 的担当者，真正实现了活化历史遗产和“故宫正青春”的节目创设初衷。为了让代表皇权的“殿宇之海”走入年轻群体的受众心中，《上新了·故宫》第二季在制作方面较于第一季更加用心。该节目凭借解说员的精彩讲解、飞行嘉宾的精湛演技及专业的后期制作和充满青春气息的配乐，不仅带领观众打开了故宫在历史上守卫森严的宫门，踏入了未开放区域，也把华夏民族历史上最为瑰丽的建筑与沉睡百年的传奇文物带到了世人面前。此外，年轻的文创设计师们以他们

① 李炜．电视综艺对中华优秀传统文化的创新传承与传播：文化类电视综艺节目《上新了·故宫》评析[J]．中国电视，2019（6）：38—43．

独特的审美眼光，着力于挖掘文物背后的典型文化元素，设计出不同主题的文化产品，再通过故宫的品牌效应和网络营销对外销售，满足了受众“把故宫文化带回家”的审美诉求。该节目在注重娱乐性和趣味性的同时，还更加注重以年轻受众为本位、以优秀文化为主导，从而更加努力追求历史遗产与年轻受众在审美趣味与审美心理上的内在契合。

故而，对于第二季节目而言，“用年轻的视角和创新的表达，赋予故宫文化新的审美体验和大众参与，把文化节目做得生动、有趣，更加贴合观众尤其是年轻观众的审美习惯，让更多的人爱上故宫，爱上中国文化”，[①]不仅是该节目自始至终的制作理念，也是故宫博物院和节目研发团队致力于打造原创文化类电视节目的动力所在。那么，《上新了·故宫》第二季究竟用了何种年轻的视角和创新的表达，年轻受众的审美习惯又有哪些，对于诸如此类的问题，笔者综合已有的研究，大致可用资源细分、分众定位、文化的内核＋综艺的外壳、沉浸式再现、网络化表达、六百岁网红、文化大 IP、年轻范儿、文创国潮、明星效应、偶像剧、故宫兄弟、“御猫”鲁班、故宫正青春等关键词予以概括性回答。当然，节目主题曲《上新了·故宫》和插曲《故宫，你好吗？》，同样充满了年轻气息。悦耳的旋律和优美的歌词，令青春的味道扑面而来。

具体来看，就上新研究所推出的各种深受年轻群体喜欢的文创产品而言，该节目致力于“将尘封已久的历史元素转化为大众眼中的文化潮品，最终打造文创上架、销售、推广的产业链”，这既是该节目的一大创新之处，同时也是让古老的故宫“用新形态，新姿态与年轻人相连接”的一种创新性表达；就小剧场板块的历史还原和场景再现而言，张鲁一、宋轶、马天宇、袁弘、严屹宽、杨颖、郑元畅、陈柏霖、杨幂等演员对历史典故的出色演绎更是吸睛无数。虽然每一集都只有几分钟的镜头还原，但这种故事情境的设计和真实场景的运用，却让年轻受众有了沉浸式的体验。显然，这种知识点与娱乐点结合的全新演绎，在赋予历史文化新活力的同时，也吸引了更多年轻人的关注。就年轻人的审美习惯而言，也许正如西方美学所推崇的“趣味无争辩”一样，“综艺，娱乐，时尚，网红、青春、活力、偶像剧、粉丝崇拜”等概念就是对互联网原住民的典型概括。第二季的部

---

① 刘兵 .《上新了·故宫》这样让故宫文化焕颜：推开“三重门”，透过“三原色”联通“三次元”[J]. 广电时评，2018（24）：24—27.

分主题名称“乾隆 3D 打印大禹治水图”“回忆杀！袁弘再演十三爷”“杨幂加盟揭秘国宝级国画”“青花瓷残片引王刚眼馋”“延禧宫真面目惊呆陈柏霖”“康熙杂交水稻惊呆郑元畅”中诸如“3D 打印、回忆杀、揭秘、惊呆”等词语，以及担任节目重要解说员的萌宠“御猫”鲁班常用的“喵皇”“本喵”等词语，均是受年轻人欢迎的网络流行语。实际上，对于庄严，雄伟、高贵且神秘的故宫而言，这种接地气的词语使用显然是节目策划者在主动迎合年轻受众的审美习惯和接受心理。

值得一提的是，这种迎合不是没有底线和原则的迎合，而是节目不得不进行受众细分的一种需要。近年来文化类节目之所以日渐令受众感觉到审美疲劳，其中很大的一个原因就是受众定位模糊。市场营销没有明确的传播对象，当然也就没有明确哪个年龄段的受众最具有传播力和影响力。显然，一旦缺失了受众本位，节目的策划与制作也就很难标新立异。即便是同样的内容，如果缺乏对受众的了解，找不到满足受众心理需求的传播方式，那么该节目不仅注定难逃同质化的窠臼，甚至还会很快陷入跟风、扎堆的囹圄，难以脱颖而出。相较之下，《上新了·故宫》第二季别出心裁，以“故宫正青春”的姿态，着力于对青年群体的开拓。而且，它是以一种平等、尊重、友好且温和的方式，向新时代的年轻人讲述中华五千年的辉煌历史和文物背后的经典传奇。再加上任务“解锁”形式新颖、解说精巧，脚本精致、表演精到、诗词优美、文创别具匠心、鲁班呆萌，拍摄专业以及融媒体技术的助力，这一切的精益求精无不致力于将华夏文明和异域文化的融合与拓展连接在一起，旨在凭借一种大历史观的视野和传统文化自身的魅力去潜移默化地影响并征服当下最具传播力的年轻受众，而不是以一种简单粗暴的说教式的传统套路予以强行灌输。

事实证明，文化类电视节目要想真正赢得年轻受众的欢迎，还必须以春风化雨的方式走进他们的内心，切实了解他们的审美心理和审美习惯，进而才能设计和制作出既富有历史文化内涵又具有现实针对性的经典话题。且以 2019 年 12 月 13 日第二季第六期播出的“青花瓷残片引王刚眼馋”为例：如题所示，这一期节目邀请了演员、文物收藏家王刚作为助阵嘉宾，主要任务是寻找郑和下西洋时带回来的神秘礼物——苏麻离青。作为一种极其珍贵的染料，它不仅使永乐青花瓷声名远播，也造就了农耕文明，游牧文明和海洋文明的历史融合。正如节目中的旁白所述："如果说元青花是游牧民族对草原上蓝天白云的赞美，那500多年前的永宣青花则是华夏农耕文化与海洋文化的一次完美融合。"为了这样的融合，"充满冒险精神的郑和，带着永乐皇帝的礼物和来自华夏大地的友好、善意，一次次驶向蓝色的大海……而且每一次远航，绝不是无谓的重复，而是将华夏之文明与善意带到更新更远的地方……"总之，郑和在28年间7次下西洋的壮举，不仅使其个人留下了不可磨灭的时代印记，而且也使得永乐皇帝的大格局和大视野名垂青史。由严屹宽饰演的郑和惟妙惟肖，拍摄画面波澜壮阔，内心独白生动感人，充分表现了一个民族英雄的冒险精神和使命担当，极具感染力。对年轻受众而言，这种沉浸式的表演及其产生的心灵净化效果无疑是唤起民族自豪感的最好方式。

当然，中国瓷器的雅致，本身也可以唤起年轻受众的审美情趣。尤其是那种可把玩、可触摸的温润与沧桑，足以令每一个华夏子孙感到自豪和骄傲。以满腹经纶、钟爱收藏的王刚老师来说，一个"眼馋"便把他对瓷器的热爱和珍视表现得淋漓尽致。当他被问及"如何让年轻人喜欢瓷器"这一连接历史与现实的问题时，他除了强调要增加文创元素，且符合年轻人的审美，还强调了某个产品"为什么这么好看和它本来是什么"这样的文化渊源。最后他还有感而发地说了句："顺其自然就好，不用强求，年龄到了才会有体会。"这一资深人士的感慨可谓是在平和中充满期待。要知道，收藏瓷器对于王刚而言，是带有厚重历史的艺术品所带来的一种精神愉悦，这是任何事情都无法替代的。虽然人的一生在五千年的历史面前不过是沧海一粟，但一件件精美的文物却可以承载一段历史，记录一段文明。对年轻受众来说，这种不带任何掩饰的爱不释手和"眼馋"，可谓一种最极致的诱惑和最深沉的审美导向。

可见，对节目策划团队而言，只有对受众的审美趣味和接受心理有了充分的了解，文化类电视节目的传播效果才能有所保障。也正是在这样的正确认知之下，《上新了·故宫》才得以在众多文化类节目中脱颖而出。当然，还有一个很重要的原因就是节目组"找到了与观众平等对话的方式，实现了历史文化传承与综艺内容表达的有机融合"。此外，他们还"以45度角去仰视观众"，这种姿态既是第二季的研发团队对受众细分的考量，也是节目组以受众为本位的真切体现。实际上，新品研发人员和节目出品方深知：只有借助全媒体平台和全新的视听技术去传播故宫文化，才能让蕴含在文化遗产中的价值能够深层次地被挖掘、被阐释、被传播，从而才能让更多的年轻人看见故宫之美，感受历史之美，品味文化之美。也只有在这样的前提下，才能让年轻受众自觉成为“传统文化的传承者、保护者、消费者、创造者”，难能可贵的是，《上新了·故宫》第二季特别注重历史遗产与年轻受众的心理契合，并将其作为一种审美导向贯穿始终。

（三）创意消费：文创产品及其价值建构

对于以故宫为题材的文化类电视节目而言，《上新了·故宫》第二季除了以优秀的中华文化作为传播内核，注重将历史遗产与受众本位相契合的审美导向，还有第三个亮点不容忽视，那就是上新研究所在每一期“上新时间”中所推出的极具皇家特色又具有生活气息的系列文创产品。不言而喻，衡量一个文化类节目是否成功，除了要看该节目的传播内容对受众产生的精神影响与文化意义，还要看节目播出后所带来的经济效益和社会价值。换言之，新品设计师基于故宫元素而设计的生活日用品所引发的创意消费，而今也已成为其他文化类节目可资借鉴的创新路径之一。毕竟文化、审美和消费本身就有着内在的逻辑延伸链条。因此，一旦拥有了优质的文化和对这种文化的欣赏者，自然也就不乏对这种文化的消费者。从这个意义上来说，“把故宫文化带回家”既是节目制作团队对中华优秀传统文化进行转化和变现的一种努力，也是他们刺激消费、创新、引领的一种文创理念和价值建构。

中国传统文化作为一种文化创意，其深厚的底蕴，始终是我们立足于世界文化潮流的立足点。近几年来，故宫博物院一直在与时俱进，推出了一批独具特色、富有传统文化特色的“爆款”文物。之所以被称为“爆款”，是因为它们都是“颜值高、品质高、内涵丰富”的商品，每一件商品都将故宫的文化展现得淋漓尽致，既漂亮又实用，将美学的乐趣与商品的实用性有机地融合在了一起。可见，这一成功的尝试，不仅使观众能够更好地感受到故宫的历史，更促进了一种创造性的消费，一种生活的实践。这一点可以从首个季度推出的“安逸安眠”系列睡衣在上市后的第二天，就获得了 67 万之多的众筹资金。该系列产品之所以备受消费者欢迎，主要还是因为设计师融入了乾隆时期畅音阁的仙鹤纹样，穿上睡衣就如同沉醉在“畅音入梦来”的情境之中。其他系列产品也是融合古今，令消费者在紫禁城 600 年的历史中不断穿梭。可见，产品一旦同时满足了受众的审美诉求和消费欲望，也就很容易获得市场的认可和网友们的盛赞。如此一来，旨在将我国优秀传统文化变现的创意消费也就有了良好的文化土壤和社会基础。在这样的前提下，《上新了·故宫》第二季推出的系列文创新品当然也就销量可观。

究其原因，依然离不开《上新了·故宫》第二季进一步挖掘中华五千年文明的良苦用心，以及节目组全面拓展地域维度，致力于向世界人民不断展示古老华夏文明与世界其他文明互通、互鉴与互融的辉煌历程。这档节目一方面可以把故宫作为一种物质媒介所承载的文化记忆娓娓道来，另一方面能够通过文物进一步唤起了年轻受众对民族身份的认同感和对历史遗产的保护与传承意识。从这个意义上来说，两季《上新了·故宫》所带来的不仅仅是一档节目的流行，更是一种文化热潮的流行；也不仅仅是一次对传统文化的简单回望，更将形成长久留存的文明风尚。

《故宫星之旅》的设计师们，将目光投向了599年前紫禁城的历史，为现代生活量身订做了一个行李箱。这个小小的私人空间，是我们生命历程的见证人，它的伟大创意在于，用一个会动的轮子，来承载一代代人在紫禁城所留下的足迹，同时也鼓励人们把这份历史传承，传递到更远的地方。更值得称道的是，此套行李箱的外部色彩，是明代彩绘的深蓝色，显得柔美而富丽堂皇；盒子上有故宫特有的祥瑞图案，让每个人都能从细节中，感受到紫禁城对自己的眷顾，以及对自己的美好祝愿。再看看《心怡》系列产品的设计和包装，也很有创意。设计团队将雍正年间的珐琅图案，巧妙地应用在精致的盒子上，而盒子里则放着艾姜植萃洗发水、生姜等生活用品，让消费者带着一种更健康、更有活力的生活方式，踏上追求梦想的旅途。充满了正能量。而“碧海青心水具系列”则是以“郑和七下西洋”的历史壮举为灵感，将故宫元素“海水江崖纹”化为海浪，使其跃然于水具之上，再在杯身的制作中对苏麻离青进行解构，并以其中的一抹青色作为点缀。如此一来，世人不只看到了旷世珍宝的美，而且还能感受它的质感和温度，这种完美融合了碧海蓝天和大地的艺术，既能传誉世界，也能将其捧在手心，可谓用心良苦。最后要说的是堪称爆款的“天音服饰系列”，该系列中的天音文化卫衣不仅把《韩熙载夜宴图》编入了领口织带，而且还把画中乐器转化为主题纹样，并在袖子两侧绣上了“夜宴图”字样。这一创意可谓成功地将中国色着于衣物之上，融入了生活之中，勾勒出了跨时代之美。

可见，故宫所收藏的每一件文物都是中华民族精神宝库中的一段文化记忆。

上新团队所研发的每一款产品都带有华夏文明的历史印记。诸如用苏麻离青烧制的永乐青花大盘、玉壶春瓶、稀世珍宝蚂蟥绊等享誉世界的瓷器，它们既是中国古代经济、文化交流的物质凭证，同时也是中国古代工匠们将泥与釉煅烧后的重生与共舞。作为盛世的一种象征，那种极致的美可谓“白如玉，明如镜，薄如纸，声如磬”。只可惜这迷人的背后，总有如烟花易逝般的烦恼。而要想留住这种迷人的美，就不得不借助媒介予以保存。而故宫博物院刚好充当了这样一个重要的角色，其所收藏的186万多件历史文物共同承载着我国6个世纪的文化变迁和文明互鉴，对今天全面复兴中华优秀传统文化而言，有着不可替代的文化记忆功能。而文化记忆最重要的功能就是建构身份认同，对于《上新了·故宫》第二季的制作而言，这种身份认同则更多地体现在年轻受众身为华夏子孙对民族的认同乃至对传统文化自觉传承的责任担当。

更为可贵的是，诸如《上新了·故宫》第二季的文创理念，不仅致力于以中国文化为依托，让发展壮大的文化产业引领国潮，以点带面形成更大的规模效应，而且，在对受众的精准定位中，开始注重生产文史价值、生产情感意义，生产家国情怀。这种创意消费下的价值建构可谓不言自明。正如有的学者所说，这种“上新”之路既普及宣传了文物知识，又密切了观众与博物馆的感情，还满足了观众对文创产品的消费需求，可谓一举多得。需要说明的是，基于文创理念的这种创意消费所带动的交换和流通，不再局限于获取财富的物质积累，而是意义、快乐和社会身份的一种选择。而且，消费者在相似的商品中作出选择时，通常不是比较其使用价值，而是比较其文化价值。而这种文化价值正是文化类电视节目避免同质化的传播内核和独特优势。

综上所述，电视这一传统的大众媒介在受众的价值建构领域对于再现民族集体记忆，凝结爱国主义情感、塑造民族身份认同有着不可或缺的作用。尤其是对于近年来的文化类电视节目而言，更是有着独特的传播优势。它可以通过创造一个共享的过去，在此确证拥有集体身份的社会成员，在时间和空间方面都向他们提供一个整体意识和历史意识。《上新了·故宫》第二季也正是基于这两个维度进行了节目形态的拓展和创新，且着重以年轻观众自愿接受的方式挖掘历史遗产的文化记忆，尤其是该节目在“空间方面的多元交互，时间方面的长效稳定等，对文化类节目的创新发展提供了新的经验”。① 一句话，以文化为核心、文创为抓手，主题式推进、沉浸式探索，这是当前文化类电视节目进行变革的一种新思路。

任何一种文明，都是一个国家和民族的精神血脉，它不仅需要薪火相传、代代守护，更需要与时俱进、勇于创新。《上新了·故宫》从播出一开始，就采用了“文创＋娱乐”的方式，将故宫文化传播到了世界各地，通过明星们的加入，带着观众们去探寻故宫深处的传说，并根据这些传说，开发出了融入故宫美学元素的文创产品，从而达到了“活着的文物”和“将故宫文化带回家”的目的。第二季节目为了向故宫博物院建院95周年献礼，更是注重把中华优秀传统文化的传承、审美导向的引领和创意消费的驱动作为传播理念，一方面，在精准的受众定位和市场效益的双重权衡下，实现了故宫历经六百年风雨变迁的精神价值与商业价值的深度融合；另一方面，该节目充分发挥文化类综艺节目特有的娱乐性和趣味性优势，极大地吸引了年轻受众对历史遗产的自觉传承。总之，《上新了·故宫》第二季凭借其“融合传播的内容特色，探索出了一个文化传播的新范式”，其明确的受众本位和独特的价值建构在当下的文化类电视节目中独树一帜，值得关注。

第三节　坚持传承与发展中的创新性

在对中国在现代化过程中所经历的文化变革进行剖析的过程中，我们认为，要以马克思主义的文化哲学为指导，对中国传统文化进行创新与传承，最有效的途径就是要坚持“综合文化创新论”，并以此为指导，进行创新与传承。

一、中国文化传承与发展的原则

中国长期的实践经验告诉我们，我们的指导思想不能够是西方文化，也不能仅仅只有中国传统文化，而是应该以历史唯物主义为指导，以马克思主义为指导。但是，即便是在历史唯物主义的指导下，中国在文化建设的实践中，也是成功和失败并存的。这些成就中，最重要的是成功的经验，它证实了在历史唯物主义的

① 何天平，张榆泽．《上新了·故宫》：重构“空间”与“时间”的意义生产[J]. 当代电视，2019（1）：24–26.

指导下，中国社会主义现代化建设所走的总体道路是正确的。之所以有失败的情况发生，也并不在于没有坚持这一原则，而在于把历史唯物主义作为正确的指导方针，进行了教条的扭曲。综观这一进程，我们可以看到，在中国的文化建设中，历史唯物主义的主导作用并不是一种自发的选择，而是一种历史的积淀。

（一）指导思想不能“儒化”

从晚清现代工业文明和唯物史观的逐渐发展过程中，中华文化中的儒家思想遭到了严重的破坏，所以中华文化现代化的发展就不能够以儒家思想为指导了。

首先，随着工业化进程的推进，中国传统的小农经济遭受到了严重的瓦解分化，以此为基础的传统宗法制度也逐渐消亡，儒家文化赖以存在的时代与社会基础也随之消亡，所以从本质上来看，中国传统文化和现代化社会文化是两个完全不同的独立体系，也因此，我们的现代化发展不能只依靠于儒家文化。

其次，我们不能因为地处于儒家文化圈的日本及东亚“四小龙”的现代化发展，就肤浅地得出儒学能够促进现代化的结论，这么说的原因是中国的儒家思想在中国的意识形态中处于一个重要而又边缘的尴尬位置，它的文化内涵相比较韩国、日本更多地受到了历史唯物主义政治思想的冲击与解构。

第一，现代化主要的推动因素不可能是儒家传统，四小龙的崛起和儒家道统的熏陶并没有本质上的关系，但是又因为他们不停地追求现代化，反而距离儒家道统越来越远。正如韩国学者金永同说：“在东亚国家现代化初期的资本主义发展中，儒家思想并未提供精神或意识形态方面的启发或推动作用，倒是西方现代化的冲击，促进了亚洲的转变。”[①] 李光耀曾作为亚洲价值的代言人，也曾大力倡导孔夫子文化的价值，他在东南亚经济危机之后也表示，新加坡能有今天的经济奇迹，并非由孔夫子和亚洲价值造成的，而是亚洲殖民价值造成的。金永同对东亚各国近代化的认识有片面之处，李光耀所言也有其特殊的历史语境。这两个方面分别说明了西方近代化对东西方的推进作用和东西方近代化的制约作用。第二，李远哲说：“其实在我们社会里，儒家思想除了被当作一种正确的生活指南外，从未获得太大的重视，反而应该说是东亚国家的经济成就为儒家争了光。”[②] 若说新加坡曾以四项基本原则为治国之策，李远哲虽有谬误，却也不无告诫我们，不可

① 杨翰卿．儒学与现代东亚价值观[J]．中州学刊，2002（1）：111–115．

② 储小平．家族企业的成长与社会资本的融合[M]．北京：经济科学出版社，2004．

高估儒学在现代社会中的地位。显然，脱离了真实的历史，以现代的语言对儒家经书中的一些零碎的东西进行抽象解读，并将其整合为一个看似可以适应现代化的思想体系，只是一种崇古者的修辞手段，并不是儒家道统本真的面貌，现代化并不需要这种虚幻的儒道来推进。

最后，归根结底，现代化有其自身的主体社会文化模式，其中的核心要素就是以确立独立人格为前提的自由、平等、民主、法治、科学精神和社会公正理念等所构成的新型价值体系。所有还没有或将不会被淘汰的传统文化要素，如果要推动现代化的进程，无论是儒家的、法家的、道家的，或者是民间的，都必须并融入社会文化模型中，并与其共同运作。不管是学习还是推广，都离不开这一条。

（二）必须以唯物史观为指导

首先，中国现代化社会发展的实际情况和基本国情决定了我们必须以唯物史观为指导思想。这是因为中国特色社会主义经济和政治是现代化中国文化的现实基础，文化是社会经济和政治的产物，它必须和社会经济政治保持一致。

其次，马克思主义本身的性质也决定了必须这么做。马克思主义的本质最能符合现代化经济基础要求，从而促进生产力发展，它就是建立在近代社会化大生产基础上的革命理论。另外，马克思主义还具有强大的先进性科学性，它从全人类发展的全局出发，把握了全人类的发展方向，蕴含着一种科学的世界观和方法论，是人们自觉地对自然和社会进行改造的一种普遍的指导思想，它是一种在社会生活中进行一切有意识的认知和实践活动，也是一种必不可少的、行之有效的方法。所以，在中国的文化现代化建设中，一定要坚持用马克思主义的观点来指导。

最后，中国社会发展的实践也证实了这种方法的可行性。从马克思主义引进中国近百年来的实践中，已经充分说明了它对于“立国”与“建设”两个问题的正确指导意义。在马克思主义的指引下，早期的共产党人带领着中国人民，打倒了“三座大山”，最终赢得了革命的胜利，将中国人民从被压迫和奴役的生活中解放出来。第二代党中央以马克思主义为指导，把中国的社会主义现代化事业推向了新的高度，并做出了巨大的贡献。历史表明，在马克思主义的指导下，我们的文化现代化才能获得真正的胜利，而在实践中，没有马克思主义的指导，只能是事倍功半，甚至是误入歧途。

总而言之，中国文化的现代化并不意味着对传统文化的彻底改造，更不意味着将中西文化进行了简单的融合，也不意味着将西方文化的现代化直接搬来引用，而应该以马克思主义为指导，以“古为今用，洋为西用”为原则，将从古至今的所有优秀的文化遗产都吸收、继承下来，并将其运用到社会主义建设的实践中去，从而创造出一种新型的文化。它不仅具有现代化的普遍性，而且具有鲜明的民族特性，而且在其核心思想中融入了马克思主义的思想，是一种具有中国特色的新型社会主义文化。

二、文化传承与发展的综合创新方法

（一）综合创新方法的转型基础

本书对中西文化观念进行了对比，并以文化观念为切入点，剖析了中西文化观念的转换依据。

首先，在东方的背景下，文化的观念就如同柏拉图的“美是难的”，老子的“道可道，非常道”，从未有人能对其作出一个公认的界定，只有不断地阐释与探索，才能使其意义更趋近其实质。本书通过中西方文化的对比，概括了中西两种文化背景下的文化观念，并对文化，中国文化作了一个总体的认识与说明。

对于文化，不同的哲学家有着不同的见解。梁漱溟以为，文化只是一个国民生命的样本，生命只是一种未完成的欲望。胡适虽然赞同梁漱溟的看法，但却从杜威的“经验的自然主义”和“工具主义”等认识论角度出发，把“生活”看作是生物体对其所处环境的一种改造。在殷海光看来，文化既是一种和谐的范式，又是人类心灵在生命中经过一段时间的折射后所形成的一种行动范式。徐复观认为，所谓文化的基本含义，就是要建立一种人类普遍维持的健康的生活态度，任何政治、经济、科学技术都必须在这一种健康的生活态度中扎根，消化。余英时的观点是，文化就是一个国家的生存方式，它主要指的是思想、学术等精神层面的东西，其中最重要的就是一个方式。所有的国家，如学问、艺术等，都有着大体上一样的精神生活，只是以一种不同的方式表现出现。余英时也以维科和赫尔德的一系列文化观点为基础，提出了一种新的文化观点，即“只有具体的文化”，没有“普世的文化”。

从上面的分析中可以看出，解释文化有多种不同的角度，可以从文化与政治、经济的关系中去理解，也可以从文化的民族性及其传统中去理解，还可以是从文化的静态结构出发去分析，再或者从文化的功能角度去解读，这些不同角度、不同侧面的阐述都可以揭示文化的基本内涵。中国汉字从语义上讲，虽然是“音、形、义”并用，但其主要特点是表义结合。就比如在古代汉语中，纹与文是互为通假字，“文”是“纹”的通假字，也就是二者可以互用。“文”一词最初的含义是在陶器和其他物品上进行雕琢，以美化其外观。

“文化”是指审美上的一种修辞，它可以作为一个动词，也可以作为一个名词来表达它的意义。“文化”，就是赋予事物以朴素的内涵、优美的形态。在此意义上，文化就是形式。这就是“文”一词的原意，也就是“文”。“美”的派生意义是一个形容词，在汉语中，这个词和“明”一样，都是用来表示“文即明”“明即文”的。在语义对比上，“文化”基本上是一个动词性的名词，它是一种动态的历史概念，用来表达一种进程。“文明”是一种复合的形容词，它是一种静态的，同时也是一种表达结果的概念。在逻辑上，文化与文明是一种因果关系，但从时间的角度来看，它们并不是一种先后顺序，它们是同时产生和进行的，是一种动态中的对应关系。据此，我们可以对“文化”作如下界定：文化是某一地区、某一民族通过某种历史过程所形成的一种行为模式、思维模式的总称。其中，行动风格是思想风格的外在表现，也是人们“切磋琢磨”的方法，也就是说，思想风格是行动风格的动机和目标。“文明”一词，指的是某一地区、某一民族、某一特定历史发展过程中形成的物质、精神文明的总称。地域与历史是文化与文明在时间与空间上的载体，而民族则是文化与文明的实践主体。

在上述的分析中，我们主要是从语源学的角度来进行的。近代以来，西方哲学对文化的阐释仍在延续。自德国法学家普劳多夫于17世纪首次提出“文化”这一概念以来，学界对其内涵与外延进行了广泛的讨论，并产生了不同的学派。泰勒的观点是，文化是知识，信念，道德，法律，习俗，以及其他社会成员需要的能力和习俗的总称。在此基础上，我们对“文化”的解读，已从单纯的“概念”和“内涵”两个层面，转向了“文化”自身的更深层次的解读。20世纪中期，美国文化学家克罗伯根据以往的研究，对“文化”进行了较为一致的界定。在他看来，文化是一种架构，它由多种内隐或外显的行为模式组成，这些行为模式是由符号系统所习得或传递而来的，文化的核心信息来源于历史传统，它拥有清楚的内部结构或维度，拥有自己的规则。我们可以从纵向和横向两个角度来审视克罗伯对“文化”的界定。在横向上，“文化是一种包含多种内隐或外显行为方式的框架”，我们将其改为“文化是一种框架，包含多种内隐思考方式或外显行为方式”。在纵向上，文化是一种思想与行动方式的总和，它“是由一种象征体系获得或传承的，而其核心信息则是由一种历史传承而来。或者相反地说：“一种文化的中心思想是从历史的遗产中产生的。透过这个传统，文化可以被学习或传承。由此可以看出，文化既是人类自身的存在行为，又是人类祖先存在行为的产物。伽达默尔认为，人类是一种受限制的生物，它生活在传统文化中，无论人们理解与否，无论人们赞同与否，人们都不能超出它的概念。换句话说，无论我们承认与否，传统文化都存在于我们的思想、习惯之中，而且对我们生活的各个方面都有影响；我们始终在将思想转化为实践，并在实践中不断修正自己的思想。因此，对传统文化进行了继承与发展。传统文化就是用这样一种方式将人与人紧密结合起来的，可以说，它是人类社会进步的基因。

再次，从“自我”与“自我”两个方面进行了分析。从远古时代起，中国的文化就一直是一种利己主义的文化。孟子所说的“善端”，并不是在另一个世界，而是在现实中。不管是儒、道、禅、先秦诸家，甚至宋明时期，“以我为本”的精神本质，基本上都是不变的。在此意义上，中国人正是因为有这样的一种“以我为本”的情结，才忽视了对自然的学习，而把自己寄托在诸如“顿悟”“坐忘”之类的自我超越和自我探索之上，也就是由内而达的“外”。与中国不同的是，在古老的西方文明中，存在着一种很强的自卑感，他们觉得人类在神面前是如此的渺小，他们的一言一行，他们的一举一动，都在神的监视和掌控之下。

最后，和谐与矛盾。中国的“和合”观念最早可上溯至西周年史伯所说的“夫和实之物，合而为一之物”。对此，我们可以从两个角度来解读：一是指“物”。二是东西之间能够互补。《论语》中也提到了“君子和而不同”“君子周而复始”“君子不与人争斗”“君子不与人结盟”等内容，都是提倡君子与人和谐相处，恪守自己的原则。随后，孔子“和而不同”的思想就有了如下的解释。

第一，要有独立的思考能力。每一个人都应当有一个对自己的个性、对自己的信仰进行独立思考的人格。第二，是思维的差异。没有两片一模一样的叶子，每一个人都是不一样的，性格也是不一样的，想法也是不一样的。第三，互相尊重的原则。要尊重他人，了解他人思想中的合理内容与和谐思想，任何事情都可能相互矛盾冲突，又可能并行不悖，应尽量减少冲突对抗。由此可以看出，中国“和而不同”的思想，是第一个提出多元文化，并具有开放性和包容性的文化。

我们今天所说的“建设和谐社会”，同样可以从中华传统文化中寻找到它的根源。道教的“天人合一”思想，正是对“和”这一观念的重视。毋庸置疑，在中国社会两千余年来的主流价值观念中，以其对群体的重视和对“和谐”的追求，将一个伟大的民族团结在了一起。万隆会议上，周恩来总理所倡导的“和而不同”五大原则也反映出了“和谐”的理念，由此可以看出，“和而不同”的理念已经渗透到了中国人的思维中。

市场经济是西方国家中发展出来的。中国通过引进该系统实现了经济的飞跃。而这一自由竞争的根源，实际上是建立在西方文化中的矛盾意识之上。相较于中国大陆上较为富饶、能自给自足的地理条件，西方人在其文明形成过程中，因受着大洋文化的影响，不得不尽量向大自然索取生存所需的物质。

因此，在对中西文化特征进行分析的同时，从中可以得出各自的优缺点，从而为我们进行“取长补短，继承传统，综合创新”的研究提供依据。

（二）综合创新方法的方向及原则

历史唯物主义的文化论认为，在“怎样建设具有中国特色的社会主义文化或者说社会主义新文化”的问题上，应以“综合性的创新”来回答。中国文化的全面革新，似乎是一件容易的事情，但是要做到却是非常困难的。虽然，西化派、儒学派和历史主义派三个文化哲学派别在针对古今问题上都有一个一致的观点：“古为今用，洋为中用，批判继承，综合创新”。可是，“古”怎么能被“今”所用呢？“洋”为“中”，何以为用？怎样才能在批判性的继承与创造性的转换中实现“古今中外”的传承？笔者尝试以张岱年、方立克等人的观点为依据，就中国现代文化的全面革新问题，分别从指导思想与基本原理两个层面对其进行阐释。

1. 综合创新的方向

正如方立克所言，融合式创新的文化理念与文化态度，并不是在 20 世纪 80 年代后才出现的，这一理念在中国社会中已经在不知不觉中被人们所认识，已经以多种语言进行了表述，并且正在积极地探索与实践着一种文化的正确发展方向。这一思想在我国的历史实践中已取得了一些积极的成果，并在理论上得到了进一步的深化。那么，这种一体化的创新将走向何方？

第一，要坚持社会主义文化服务于社会主义现代化建设，服务于社会主义市场经济的指导思想。在人类社会的发展历程中，现代性实质上是一种商品经济。在商品的生产与交换过程中，商品经济一方面使生产社会化，极大地提高了劳动生产力，从而推动了工业化的产生与经济的现代化，另一方面也使社会生活的民主化与政治的现代化得以实现。同时，由于等价交换的原理，以及社会合同的关系，在人们的生活中，使人们产生了一种自由、平等的感觉，以及一种权利、一种义务的概念，这些都是现代文化的重要组成部分。离开了商品经济的发展，任何社会都难以实现现代化。

现代社会的意识形态与传统意识形态之间的矛盾，实质上是一种商品经济与自然经济之间的矛盾。比如，“平均主义”与“贵贱主义”之间的矛盾；人治与法治的矛盾。构建网络化的社会组织与统一中央集权思想之间的矛盾；个体的全面发展与集体的共性优先原则之间的矛盾；“创新”与“因循守旧”之间的矛盾；“开放”与“封闭”之间的矛盾；“有为”的竞争理念与“和谐”的矛盾；其中，物权主义与道德中心主义之间存在着矛盾等。这两种意识形态，一种是在商品经济中产生的，另一种是在自然经济中产生的。

第二，把握好民族文化的主体性方向。“古为今用，洋为中用”即西方文化、中国传统文化都为现代的中国文化所用。方克立说：“传承中国传统文化和学习借鉴西方文化，都是立足于中国今天的事实，都是为了推动中国文化和整个中国社会的现代化。这就是以我为主，为我所用，确立民族文化的主体性原则。传承选择的目的和标准，都是为了立足满足主体的需要。对中国今天的现代化有用，有利的就传承，无用无害的就不传承。”[①] 有些学者指出，将知识划分为东西方，却没有将人性与现代性区分开来，这显示出当代民族主义知识分子在知识架构、学术训练、研究方法、交流能力上的狭隘与封闭，他们所倡导的民族主义，既缺乏文化多样性，也缺乏包容与开放的心态。民族主义意识形态极其重视文化传统，

① 方克立．现代新儒学与中国现代化[J]．南开学报（哲学社会科学版），1989（4）：1–11．

这也是因为，精英分子并不能与市场化和国际市场的竞争相适应，在他们的知识结构中，缺乏现代经济和世界经济的视角，也没有基于国际市场的世界政治经验，因此，强大而独断专行的话语，不仅能够支撑起自卑心理和历史挫败感，还能够满足文化认同的潜意识。

第三，要实现社会主义文化的整体性创新，必须防止“功利主义”“庸俗务实”等带有政治性、经济性的“庸俗务实”现象，其必须按照文化本身的发展规律去进行。那么，为什么要把重点放在经济上，而不是放在政治上。关于这一点，本书对马克思主义历史唯物主义的基本原则进行了阐述。按照历史唯物主义的观点，经济基础决定着上层建筑，而上层建筑又反过来影响着经济基础。所以，要把文化建设和经济建设结合起来。但是，历史唯物主义的这一根本原则与马克思主义的根本原则背道而驰，其突出的“政治挂帅”思想和突出的文化建设为政治建设服务的思想，其后果是严重的。在文化建设中，对“经济主义”也要保持高度的警惕。文化建设必然要为经济建设服务，但是，它也有其自身的规律性，如果把“为经济建设服务”的问题看得过于功利，把它同经济建设联系得过于紧密，势必会使文化建设受到阻碍。

2. 综合创新的原则

历史唯物主义的整体性和创造性文化观，以“无碍”和“圆融”为立足点，关注不同文化在视野上的融合，超越了过去、现在、中方、西方的文化争论。它的原则可以归纳为：以马克思主义唯物史观为指导，坚持“为人民服务，为社会主义服务”的方向和“百花齐放，百家争鸣”的方针，坚持“创造性转化”和“综合性创新”的原则。

分析和综合是辩证的统一。这个原理就是要将各种不同的文化吞入腹中，再加以咀嚼消化，全部化为自己的养分，这是一个剖析与综合的过程。文化体系的解构和重建，同样也是一个解析、分解和合成的过程。将这些元素重新组合在一起，形成一种新的元素。因此，“合成”就是“创造”“创新”。主体根据自己的需求，通过吸收各种文化元素，可以实现自我的改造，从而形成一种新的文化形式。由此可以看出，整合创新也是一种文化发展规律。综上所述，批判性的继承是一种创造性的转化，而“合成即为创造，即为创新”则是一种综合性的创新。

“批判地传承”与“综合性创新”这两条原则不仅是文化的建构规律，也是文化发展的规律。

三、关于优秀传统文化创新转型的方法

第一，对于中国传统文化的改造，必须将“理性”与“意识形态”置于合适的地位，将“中国”与“发展”两个字结合起来，而“革命”与“阶级斗争”两个字，则是“新意识形态”的主要内容，而“革命”与“阶级斗争”两个字，则是“新意识形态”的主要内容。

第二，修正过去“政治挂帅”的文化政策取向，注重发掘中国传统文化变迁自身的规律性，从“文化本位”的角度，强调中国传统文化变迁是社会主义新型文化建构的中心。

第三，理性地批评中国传统文化中“家族伦理”的道德特质，消除了“依附”的文化自觉，重新确立了“集体主义”的概念，倡导了“新的集体主义”的建构；树立“独立思考”“创新进取”“平等竞争”“科学民主”的理念。

第四，要为文化精英营造一个良好的社会和人文环境，在构建社会主义新文化的过程中，发挥他们的核心作用，动员社会团体、文化团体和社会各阶层的人民，进行“革故鼎新”，开展一次“非西化”的“新文化运动”。

第五，在“文化全球化”和“地方化”的双重夹缝中，对中华文化进行再定位，挖掘其所蕴含的持久价值，进而进行“现代性”的创造性转化。一求自己“维新”，二求天下之利。

第六，在“文化全球化”和“地方化”的双重影响下，以“平等互利”为基础，突破“中西”“体用”的二元思维方式，与其他国家开展更多的文化交流和合作，矫正中国现代文化话语中“被动语态”“短视行为”和“实用主义”的倾向。

第七，从中国传统文化内部的变革来看，由“耻辱文化”向“罪恶文化”的变革来推动“德治”向“法治”的变革。要加大对民主、法制、教育等方面的宣传力度，使整个社会的民主、法治意识得到了进一步的提高，同时也要加强社会主义道德的建设，做到以德治国与依法治国并重。

第四章 中华优秀传统文化传承的策略研究

要想实现中华民族的伟大复兴，实现社会主义现代化的要求，就必须传承和发展中国传统文化。中国传统文化无论在什么时候，都能因其自身的哲学性与科学性，而对当时的社会生活产生深刻影响，而在当今社会，因为新思想、新理念的产生，实现中国传统文化传承与发展的道路面临着许多挑战。

第一节 中华优秀传统文化传承的现状与经验

任何一种文化，只要被创造出来，都会有一定的价值，中华的传统文化也是如此。中国传统文化自诞生之日起，历代先民都在不断地继承与发展着，以期从中吸取中国传统文化的养分，推动整个社会的进步。中华的传统文化，在漫长的岁月中，一直在发展，并且越来越强大，到了今天，我们国家在对传统文化的继承与发展方面，既有突出成绩，又有诸多值得重视与完善之处。

一、中华优秀传统文化传承与发展取得的成就

中华民族对中国传统文化的传承与发展从未停止过，历史的发展和社会的发展都需要这样做。传承和发展中国传统文化的意思就是要从过去发展到未来，吸取旧有的好的东西应用到未来。从过去到现在，我们在传承和发展中国传统文化上，有了非常大的成就。

（一）形成了社会主义主流文化

历史的积淀由文化构成。不管哪个国家、哪个民族都有自己独特的文化传统，文化的创新发展都需要在特定的历史时期对之前旧有的文化成果进行吸收重塑。当一种文化一个社会、一个时代中起主要作用并被持续提倡宣传发扬，也就是这个特定时代下的主流文化，这是因为其有着高度融合力、较强的传播力和广泛被

认同的优点，并且能够在多种文化竞争中占主导地位，起到整合引领的作用。

如今我国始终秉持着马克思主义的指导思想，采用吸取中华优秀传统文化和世界优秀文化遗产的方法，致力于打造为人民服务的、有中国特色的、具有先进性的社会主义文化，并作为我国能够体现时代精神的主流文化。

主流文化不仅具有价值包容性、整合资源、凝聚意志、形成共识、提振精神力量的优点，还有承担起国家、民族生存和发展的强大精神动力的作用，同时对弘扬社会主义核心价值体系的使命和代表国家力量有着不可估量的强大影响力，总的来说，能够反映一个国家的主流意识形态，还能够承载国家精神、意识形态，并且可以维系社会和谐稳定的精神纽带，这就是这个国家的主流文化。主流文化还非常重视对话语体系、表达方式和传播方式进行改革创新，让它变得更加贴近时代、贴近生活、贴近大众口味，只有这样才能让主流文化拥有更多的受众，并能在大众之间得到更多的分享。

在中国传统文化的继承和发展中，我们所保存下来的优秀品质，是我们社会主义主流文化得以形成的必要条件。我们可以看到，在继承和发展过程中，中国传统文化所保存的优秀品质，成为中国社会主义主流文化的意识形态基础，并为其提供了强有力的支持。中国传统文化是一种具有国家主义的文化，它对社会的生存与发展具有强烈的反作用力。我们可以清晰地认识到，中华传统文化始终是中华民族发展史上的一个重要组成部分，中国传统文化的价值是由时代赋予的，这是因为中华文化的精华就是时代发展中所包含的中华民族团结奋斗的精神纽带、民族之魂，这始终对历史的发展、社会的进步发挥着积极的作用。

（二）优秀的中国传统文化得到了有效传承

中国是具有五千多年历史的文明古国，悠久的历史积淀也造就了中国传统文化的博大精深。英国著名历史学家汤因比曾给予中国高度的评价："将来统一世界的大概不是西欧国家，也不是西欧化的国家，而是中国。"[①] 他之所以对中国如此推崇，并不是因为中国在近代史上所取得的成绩，而是因为他对中国过去两千多年来所取得的成绩，以及对这个国家所保持的优秀品质的承认。中华优秀的传统文化，蕴藏着丰富的民族智慧与精神内涵，并被很好地继承下来。

① 方朝晖．中华文明的新形态与世界文明的新重心[J]. 儒道研究，2015（1）：111–125.

第一，忧国忧民，代代相传的爱国情怀。爱国这一思想从古就有，把民族、国家的利益放在第一位，这是中国传统文化中非常重要的一部分。就如岳飞的精忠报国、范仲淹的“先天下之忧而忧，后天下之乐而乐”、顾炎武的“天下兴亡，匹夫有责”等。

第二，要发扬自强不息，奋发向上的斗志。从先秦时代起，中国人就有一种“天行健，君子以自强不息”的生活态度，从而造就了一种敢于超越自我，顽强拼搏的自强精神。如“夸父追日”“愚公移山”“大禹治水”“精卫填海”这些神话传说中都蕴含了中华民族自强不息，奋发向上，勇往直前的精神品质。

第三，要有实事求是、诚实守信的品质。如像孔子所提倡的“知道就是知道，不知道就是不知道”的务实精神以及老子认为的“能了解他人的人是智慧，能了解自己的人是聪明”的自我认识素质，都在一定程度上表现出了诚实的人格特质；又如童叟无欺、货真价实、市不二价等商品买卖中的诚信行为。

第四，贵与乐的和合观念。中华传统的和谐观，一方面是指董仲舒天人合一的哲理，也就是人与自然的关系，以求顺应自然，免除物我之别而融于天地之间的和谐境界，另一种是强调人与人、人与社会关系的中庸之道。

第五，追求高尚的道德修养。中国传统文化蕴含着丰富的道德观，具有丰富的道德观内涵。在这当中，儒家提倡修养身心、爱护家庭、治理国家、天下太平的至高追求，这些要求中提升自我道德修养是根本，善于利用道德的感化力量，以德服人，见贤思齐是方法，这些对许多人都产生了深远的影响，促使他们树立崇高的理想和品格。

（三）与构建和谐社会进行有机结合

在马克思主义认识论中，只有实践才能证明真理。同样，任何一种真理的价值都必须通过实践来体现。继承与发展中华传统文化，不仅要在理论上有所建树，更要在实践上有所建树，为社会的建设与发展起到积极作用。在指导实践的同时，又受到实践的检验，从而使理论本身得到持续的发展。在继承和发展中国传统文化方面，我们所做的最有实际意义的工作，就是把继承和发展中国传统文化与建设社会主义和谐社会结合起来，把中国传统文化的继承和发展作为一个整体来看待。

我们只有做到了民主法治、公平正义、诚信友爱、充满活力、安定有序、人与自然和谐相处，才能够实现构建社会主义和谐社会的伟大目标，这就要求我们首要任务是解决人民群众最关心、最直接、最现实的利益问题，同时还要以发展社会事业，推动社会公平正义，构建和谐文化，加强社会管理，增强社会创新活力，推动社会、经济、政治和文化建设协调发展为主线。构建社会主义和谐社会，既要强化经济，又要强化政治，更要重视先进文化的发展。

许多学者之所以都提出要从中华优秀传统文化中获取精神动力的观点，是因为我们把积极向上、健康先进的社会主义文化作为构建社会主义和谐社会的精神支撑，并且有着中华优秀传统文化作为肥沃土壤，提供养分，也就是说它是以中国传统文化为根基，以中国传统文化为依托，以其为载体，以其进行优良地继承与发展的结果。所以我们要向传统文化学习，“贵和”思想正是我们国家建设和谐社会所需要学习、吸收和运用的一种最为关键的智慧。

总的来说，“贵和”思想在今天的社会生活中仍然具有很强的影响力，对人们的价值观念和理想追求也产生了很大的影响。同时，对于维护国家统一，促进社会稳定，构建和谐社会，也起到了积极的促进作用。今后，我们在传承与发扬中国传统文化方面，要善于找到共同点，将中华优秀传统文化与实践相结合，从而更好地指导、服务于我国的现代化建设。

二、中华优秀传统文化传承与发展中存在的问题

尽管近年来中国传统文化的传承与发展取得了可喜的成就，但是我们必须看到，在传承与发展中国传统文化的过程中仍然存在很多不足和问题，主要包括以下四个方面。

（一）对中华优秀传统文化的价值和地位认识不清

唐朝著名大臣魏征曾在《谏太宗十思疏》表达过这样的观点，想要树木生长，一定要稳固它的根基；想要河水流得长远，一定要疏通它的源头。这也就是说中华民族的根和魂就是中华优秀传统文化，因为中华文化足够的源远流长。

从长期发展的历史和总结的经验来看，一个国家、一个民族，要想持续不断的发展，就必须要知道自己的根在哪里，前方的路在哪里，从何处来，到哪里去，是国家民族传承发展的关键。如果不能够做到这一点，那么这个国家民族的未来

就是看不到希望的。

在当今全球化时代，文化发展多元化的特点更加突出的情况下，一个民族、一个国家若丧失了它的精神归宿，就会丧失它的独特。所以，我们要特别注意继承与发扬优秀传统文化，让它在现代社会中持续地发挥它的功能。但从整体上来说，中国传统文化在世界范围内可以说是“内忧外患”，中国传统文化在世界范围内的发展正处于艰难的时期。

在世界范围内，中国传统文化正受到来自世界各地的强烈影响。全球化是当今世界发展的大势，它使文化交流变得越来越频繁，越来越广泛，越来越深入，然而，这一次的文化全球化，更多的是以西方文化的外延为主，很难找到中华传统文化的影子。就我国而言，中华传统文化正处于一种逐渐消失的状态。例如：人们逐渐遗忘了传统的礼仪习俗和传统的节日，或对其所包含的含义不甚了解。中国的诗词、戏剧、音乐、绘画、园林等具有鲜明的民族特征，但在西方科技和生活理念的引入下，却渐渐被人们淡忘，几乎消失殆尽。

北京大学张祥龙教授从四个方面对文化活力进行了评价：一是这种文化是否有严格的继承者，二是这种文化是否是最基础的社会结构，三是这种文化作为一种基本的价值观，是否能够影响人们的重要选择，四是这种文化是否能够成为一种独特的语言，一种用来表达思想、用来表达深层感情的形式。目前，对中国传统文化的发展不再是用集体的方式，甚至以传承人自身生命来继承文化活动了；随着时间的变迁，由中国传统文化所衍生出来的经济架构也已不复存在；传统文化的根本价值也无法影响当代人做出重要抉择；传统文化中特有的语言，尽管仍在运用，但却处于危险之中。最后，我们发现中国传统文化已处于一种存在的危机之中，可以用“文命之危，朝不保夕”来形容。现代政治运动对于中国传统文化的偏激态度，以及当时的社会大背景，使我们对中国传统文化的继承和发展并未给予应有的关注。纵观中国近现代史，中国传统文化历来都是以一种偏激的方式处理，要么完全破坏，要么完全保持，而在中国近现代落后于西方的情况下，完全破坏的观念更是大行其道。

从客观角度上进行分析，我们对中华传统文化的继承和发展不够关注，主要原因在于长期以来，我们过于注重经济改革和建设，而忽略了传统文化的重要性和功能。中华人民共和国成立后，国家一直在探索发展道路，促进社会生产力的发展，特别是在改革开放后，国家更是把经济建设放在第一位，但是，由于过于注重经济建设，而忽略了对中国传统文化的保护，忽略了对其继承与发展的需要，导致中国传统文化的存续问题十分严峻。

从社会变化的客观角度来看，中国传统文化是建立在封建主义的农业文明上的，它的内容和形式，都是以农业劳动为主要内容的。然而，随着时间的推移与发展，中国传统文化所依托的经济基础早已不在，其社会结构也早已发生了变化。随着现代工业化的发展，农业在社会中的作用日益弱化，传统礼仪、传统艺术等中国传统文化的遗存形态也随之丧失了生存的土壤，随着它们的逐渐消失，也就意味着中国传统文化被忽视，乃至被抛弃。

（二）传承与发展中国传统文化的标准不明确

中国传统文化就其总体而言，既复杂又浩瀚，其所包含的内容，无论在历史上还是在现实生活中，都存在着良莠不齐的情况。另外，中国传统文化中优秀与糟粕两种因素并非泾渭分明，完全分离，有时在某种意义上，它是一种精华，但在另一种意义上，它又是一种糟粕。中国传统文化的精华与糟粕混杂的特点，决定了我们在继承和发展中华文化的过程中，一定要对好的方面与不好的方面进行认真的甄别。在继承和发展中国传统文化的过程中，学者们都主张取长补短，以马克思主义的科学精神，以社会主义现代化的要求，对传统文化进行批判和扬弃，以一种冷静客观的态度，对其中的优劣进行甄别，去除其中的劣质。在价值观念上，我们要批判性地继承，在实践观念上，我们要立足于中国的社会生活实践。总之，就是要对中华传统文化中那些过时的，不适应当今时代发展的，阻碍社会进步的，进行摒弃和批判，要继承适应当代发展的、可以促进社会进步的精华部分。然而，对于中国传统文化中的好与不好，却鲜有人能给出一个清晰的评判标准。

一些学者在他的著作中认为，中国传统文化的继承与创新，应当符合三个基本要求：一是有利于提升国民整体素质，促进人的全面发展，二是有利于推进社会主义现代化，三是有利于社会、经济与自然和谐发展。以此三个条件来判别中国传统文化的优劣，具有一定的现实合理性。然而，这一评估准则并没有突显中国传统文化在传承中所扮演的角色，更合适的准则还需要进一步探索。

因此，对中国传统文化的继承和发展，既有中国传统文化本身的特殊性，也有我国目前所处的社会发展阶段所面临的主要问题。继承与发展中国传统文化，要从根本上解决当今社会的主要矛盾入手，从根本上引导我国特色社会主义建设。

（三）外来文化对中国传统文化的传承与发展造成一定的冲击

在经济全球化进程不断深化的今天，外来文化持续进入我们国家，对中国传统文化的继承和发展产生了巨大的影响。它给我们的传统价值观带来了巨大的冲击；同时，也给中华传统文化的继承和发展带来了障碍。

第一，在消费主义盛行的同时，拜金主义和形式主义也在我们的社会中蔓延开来，表现在中国传统文化的继承和发展过度商品化。与此同时，中国人在传统节日中往往只关注于商业的发展，而忽视了对其传统文化的传达，比如中秋送礼的月饼往往强调品牌、精美的外盒包装和品位，而端午期间更有“天价粽”的消息传出。这样的消费主义，看似是在宣扬中华文化，但却只注重形式，忽视了中华文化的精髓，其本质是伤害、曲解，对中华文化的继承与发展都是不利的。

第二，在对外传播过程中，中国人特别是中国青年在意识形态上受到了很大的冲击。虽然其他国家的文化具有某种程度上的吸引力，但这并不能抹杀中国传统文化对社会主义现代化事业所具有的巨大影响。

（四）中国传统文化的传承与发展缺乏法律保障

在继承与发展中国传统文化中，最突出的问题是：在继承与发展中，中国传统文化的物质载体遭到了严重的破坏与损失；在继承与发展方面，缺少了相应的法律保证。自 20 世纪中期以来，各国纷纷出台了相关的法律法规，但我国是一个有着五千多年悠久历史的文化大国，却没有足够地重视对中国传统文化的继承与发扬，相关法律法规尚不健全。

中国传统文化的继承与发展在法律上的落后，主要是因为在继承与发展上没有给予应有的关注，而忽略了对它的法律保护；究其原因，在于我国民事法律制度在实施过程中遇到了诸多障碍。比如，对保护中国传统文化的法律属性没有达成共识，有制定行政法规或基本法之争；中国传统文化本身就是一种好和不好并存的社会，相应地，中国传统文化中精华与糟粕的关系，在法律上对好的部分的定义是模糊不清的，在地域上也不是没有统一的。在法治社会，法律具有很强的约束力，如果中国传统文化得到了法律的保障，将会极大地推动它的继承和发展。

三、中华优秀传统文化传承与发展的基本经验

一百多年来，全党和全国人民为继承和发展中华优秀传统文化进行了长期不懈的探索，在实践中取得了长足的进步。在这一进程中，我们取得了巨大的成绩，也积累了许多经验和教训。对中国共产党在继承和发扬中华优秀传统文化过程中所取得的宝贵经验进行了系统的梳理和总结，这对我们进一步转化和发扬中华优秀传统文化具有重要的现实意义。

（一）必须站在国家战略的高度看待中华优秀传统文化

中华优秀传统文化是中国人生存的根本，也是中国人赖以生存发展的根本动力，是中国人走向世界的根本所在。中国共产党历来高度重视传承与发扬中华优秀传统文化，始终把它放在关系到整个民族与社会发展大局的重大战略位置上。以习近平同志为核心的党中央，已经将文化建设纳入“五位一体”的整体规划，并将继承与弘扬中华优秀传统文化列为重点，从文化的民族性入手。中华优秀传统文化的传承与发展，将直接影响到我们国家的文化软实力与民族凝聚力，影响到我们建设文化强国，影响到国家安全与国家统一，影响到中国梦的实现。这标志着中国共产党对中华优秀传统文化的价值与地位有了更深层次的理解。

（二）正确处理马克思主义与中华优秀传统文化的关系

中国共产党人在对待马克思主义和中华优秀传统文化关系过程中所经历的转变，是其对中华优秀传统文化理解过程的一个重要缩影。首先，马克思主义是我们党的基本意识形态。从这一过程可以看出，在我们的文化领域里，马克思主义的引导作用和影响是一个螺旋式的上升过程，它同中国传统文化的融合也越来越密切。随着马克思主义在中国的发展，二者之间的关系也在这一过程中得到了生动、直接的体现。所以，用马克思主义的观点和方法来指导中华优秀传统文化的创造性转化和创新性发展，使之更好地满足时代的需要，是一个需要我们在相当长的一段时期内都要坚持的原则。同时，由于马克思主义和中华优秀传统文化具有相似性，使得二者之间存在着相互融合、相互促进的可能。找到二者之间的契合点、连接点、融合点，实现二者之间的共生互补，是全党、全国各族人民共同的精神动力。

（三）理性看待传承和弘扬过程中面临的问题与挑战

任何一件事情的发展，都是一种进步与曲折相结合的过程，中华优秀传统文化也不例外，它在向上发展的过程中，不可避免地会遭遇到一些坎坷与挑战。中国共产党对中华优秀传统文化的继承和发展，在不断走向理性和科学的道路上，难免会出现一些失误和曲折。中国共产党具有敏锐的洞察力、勇气和胸襟，及时发现和承认错误，及时改正错误，从错误中吸取教训，引以为戒，使中华优秀传统文化获得更为广阔的发展空间。同时，在各个历史阶段，中国的多种思潮相互碰撞、相互交融，对人们的意识形态和价值观产生了巨大的影响，对中华优秀传统文化的继承和发展也带来了空前的考验。对此，我们应在思想上保持清醒的头脑，以马克思主义为指导，吸收中华优秀传统文化中的有益启示，以揭穿歪风邪气的假面具；还要进一步深入挖掘、阐释中华优秀传统文化，对于破解当前国际、国内的问题与困境，也具有一定的借鉴意义。应当指出，我们在严厉地批评和攻击各种不正确思想的同时，也应当以一种开阔的胸怀，海纳百川的心态，学习、借鉴、吸收外来的优秀文化，取长补短，使中华文化能够更好地向全世界传播，使全世界都能更好地认识中国。

（四）结合时代要求不断推动中华优秀传统文化创新发展

现代化过程中既有经济和政治的现代化，又有文化的现代化。如何将传统文化融入现代政治、经济、文化、社会和生态环境，是我们所要面临的问题，也是我们必须要解决的问题。中华优秀传统文化的形成有其特定的历史背景，其内容和形式或多或少都有一些与当代社会不相适应的地方，甚至有一些与之相抵触的地方。中华优秀传统文化并非一成不变，而是薪火相传，只有在继承中华优秀传统文化的理性内核的同时，才能根据时代和实践的发展，不断地赋予它新的思想内涵，新的价值取向，新的重大使命和新的现实需求，才能让它始终焕发出蓬勃的生机。在新的时代中，以习近平同志为核心的党中央从传统文化中汲取了丰富的治国之道，并在此基础上进行了创造性的转化和创新性的发展，并把这些思想应用到了国内、外各个方面，取得了非常好的效果和成绩。

第二节　中华优秀传统文化传承的有效途径

中华优秀传统文化是中华民族宝贵的精神财富，更是实现中华民族伟大复兴的强大精神力量。本书将从中华优秀传统文化传承的必要性及传承的路径，论述新时代传承中华优秀传统文化必须重视科技发展新技术的重要性与可行性。

一、中华优秀传统文化传承的必要性

文化历来是一个民族的血脉，更是本民族人民共同拥有的独特的精神家园。中华优秀传统文化是维系我们中华民族的精神纽带，它融汇形成中华民族自身的向心力和全体人民共同的理想信念，塑造了中华民族的民族精神和思想观念，是中华民族延续发展的引导力和精神原动力。中华优秀传统文化是实现中国梦的精神力量。习近平总书记在联合国教科文组织总部的演讲中指出，没有文明的继承和发展，没有文化的弘扬和繁荣，就没有中国梦的实现。深刻地阐明了弘扬中华优秀传统文化与实现中国梦的内在联系。中国梦的实现，是物质文明和精神文明共同的发展过程，需要自身民族文化旗帜引领，需要民族精神激励，需要文化软实力支撑，更需要对中华优秀传统文化的共同认同与坚守。

中华优秀传统文化是社会主义核心价值观构建的重要源泉。党的十八大报告指出："倡导富强、民主、文明、和谐，倡导自由、平等、公正、法治，倡导爱国、敬业、诚信、友善，积极培育和践行社会主义核心价值观。"① 这一表述科学而准确地从国家、社会、公民三个不同层面阐述了社会主义核心价值观的内容与含义。社会主义与社会主义核心价值观是对中华优秀传统文化丰厚营养的继承与弘扬，是中华优秀传统文化在当今时代的进一步发展，对社会主义核心价值观的坚持与构建，对中华优秀传统文化的引领作用尤其重要。

① 汪露．大学生社会主义核心价值观教育理论与实践研究[M]．北京：研究出版社，2019．

二、中华优秀传统文化传承的路径

（一）中华优秀传统文化进课堂

1．建立完整的传统文化体系

要想使中华优秀传统文化走进课堂，就要建立完整的传统文化体系，要以传统文化教育独特的教育方式和特点为基础，将卓越的传统文化有机地融入艺术教育的各个环节中，通过科学的教学设计、内容规划和课程安排，有条不紊地突出重点，从而形成完整的传统文化体系，并通过教育平台推动传统文化的传承和发展。在高校教育课程建设上，可以从更深的层次挖掘传统文化的内涵，丰富高校思想政治课的教学内容，提高教学质量。在教学内容上，重点培养学生对传统文化自觉学习的能力，培养学生主动探究传统文化内涵的能力，让学生在学习传统文化后能够深受传统文化的熏陶，为社会培养出一批保护和传承传统文化的接班人。除此之外，在教学方式上，可以拓宽艺术教育的领域，可以结合我国多民族特色文化进行艺术教学，把各个地方的民族特色和民族文化融入艺术教育课程中来，比如，可以在课堂中展示少数民族的传统服饰，地方传统的民间手工艺，地方特色戏剧等，在丰富课堂内容的同时，丰富和完善了优秀传统文化的教育课程体系。

2．优化教育质量

（1）规范师资力量

教育的质量和水平的高低，在很大程度上取决于教育师资的雄厚程度。教师不仅是教育传播的媒介，更是传播优秀文化的领导者，我国传统文化博大精深，这些精华对于我们当代学生来说具有很高的价值，要想使得中华优秀传统文化走进课堂，加强师资队伍的建设是至关重要的。目前，在我国高校艺术教育方面，还存在很多问题亟待解决，比如师资力量薄弱，教学理念陈旧等问题，这些都影响着传统文化的发展和普及。为了提高教师在艺术教育中的教学质量，我们需要建立一个优秀的传统文化教育平台，并定期为教师提供艺术教育培训，以促进他们的专业发展。另外，创建卓越的传统文化名人课程，对非物质文化遗产进行传承和研究，邀请杰出人物亲自授课，以吸引学生的关注，这样也能够提高传统文化传播的质量。此外，高校可以开设有关传统文化的课程，邀请高水平的专家型教师进行授课，将传统文化的传承与艺术教育的师资队伍建设相融合，从而对广大师生产生积极的影响和作用，优化教育质量。

（2）建立传统文化的教育评价体系

在教师的教学过程中，教学评价扮演着不可或缺的角色。随着现代教育技术的进步和网络技术的快速发展，高校传统文化教育受到了很大挑战。作为一种重要的监督手段，教学评价在传统文化传承的艺术教学中扮演着十分重要的角色，为教师的教学质量提供了有力保障。因此，确立传统文化教育评估机制，建立传统文化的教育评价体系，从而能够更加深入地去探索和推进传统文化的传承和发展，在这个过程中，高校图书馆在学校中发挥着重要作用。除了履行服务职责，图书馆还肩负着教育使命，作为课堂教育的拓展和补充。通过阅读来培养学生良好的道德品质和正确的人生观与价值观，从而促进大学生健康成长成才。图书馆作为传承传统文化的重要场所和条件，通过举办一系列文化宣传活动，不仅能够为大学生提供教育，同时也能够引导他们朝着正确的价值观前进。高校图书馆主要是在学校里面，因此，它的环境比较好，比较安静，几乎没有其他各种嘈杂的声音，有利于学生进行更加深入的思考。高校图书馆作为师生获取知识和技能的重要场所，对学校教学与科研服务具有无可替代的作用。现代高等教育机构的图书馆不仅是其标志性建筑，更是承载着高校知识、信息和文化的核心。

（二）高校图书馆在中国传统文化传承中的路径

第一，需要对图书馆的文化环境进行优化，以创造出一种浓郁的传统文化氛围。良好的文化氛围是学校育人的重要组成部分，也是培养学生高尚人格和优良品德的主要途径。一个充满健康向上氛围的环境，还能够激发人们的学习热情。图书馆是学生学习知识、提高修养的重要场所，在图书馆中，营造一种能够让读者在阅读中获得领悟、沉浸和熏陶的氛围，让读者在书香里徜徉，从而感受到浓郁的文化气息所带来的高尚品位和境界，让学生在传统文化的真陶中领略传统文化的思想，潜移默化地被其精神所感染，从而培养出良好的气质和高尚人格。

第二，借助图书馆所珍藏的文化资源，深入探究传统文化的内在含义，在阅读书籍的同时对学生进行传统文化方面的教育。比如，《孟子·离娄上》中所述的“仁义礼智信”，讲述的是治国兴邦、为人处世之道。在《汉书》中所述的“头悬梁，锥刺股”的典故，展现了中国古人勤奋刻苦的学习精神。这些思想在我国几千年的封建社会中被不断继承发展并得到升华，对后世产生了深远的影响。

第三，以图书馆信息平台为支撑，传承中国传统文化的精华。随着网络技术的广泛应用，数字图书馆逐渐发展起来，用户的交流范围已经从实体向虚拟进行转变，同时，这也为传统文化的传承和发展提供了更加广阔的空间。利用数字信息技术实现对优秀传统文化资源的保存与传播，对网络资源进行收集、挖掘和整合，构建以传统文化为主体的特色数据库，并搭建网络信息共享平台，这是传承传统文化精髓的一种强有力的手段，使得其覆盖面变得越来越广泛。

第四，在图书馆举办文化活动，以传承和弘扬传统文化的精髓为目标。其一，举办一场图书推荐活动，致力于精心打造传统文化经典的导读服务；其二，以推广和弘扬传统文化为目标，开设传统文化课程是最直接、最有效的方式。我们可以邀请来自校内外的专家学者，带来一系列关于中华传统文化经典的专题讲座和学术交流活动；其三，组织传统文化阅读讲座、文化经典读书会、读者座谈会等活动，提高读者阅读经典、传承传统文化的积极性；其四，开展多样化的活动，探索创新传统文化传承的方式，以各种形式进行传统文化的教育和推广，使之深入人心，成为校园文化建设的重要组成部分。图书馆不应仅仅只是简单地宣传推广，而是应当以服务育人为宗旨，将传统文化精神融入文化观念的传播中。高校要以学生为本，通过各种形式、途径来丰富其校园文化建设内容，让他们感受到传统文化魅力的存在，从而提升自身素养，增强民族自豪感。为了适应时代的发展和创新，还需要寻找传统文化的精髓和时代精神的契合点，以此来推广和传承优秀的传统文化，使其现代化，以满足现代大学生的需求。正如林毓生所说的创造性转化是对一些文化传统中的符号和价值系统进行改良，使其转化为可促进变革的种子，并在变革过程中持续维护文化认同的过程。只有这样才能真正实现传统文化的继承、发扬和创新性转换，才能实现富有创造性的文化转化。在传承和弘扬中国传统文化的过程中，将传统文化与现代社会进行融合和交流，以彰显其时代价值及永恒的生命力。

（三）应用新科技手段

随着科学技术的飞速发展，我们必须采用全新的科学方法与技术来提升中华优秀传统文化的传承力度和效果。在这种情况下，借助现代传播手段，将具有深厚文化底蕴和历史价值的古代文化进行广泛传播就显得尤为重要。近年来，热门的清宫剧、综艺等节目为故宫文创的推广注入了新的活力，吸引了大众的关注，同时也增加了故宫旅游文化产品的销量。

通过运用先进的科学技术和基于VR技术的软件，我们得以在虚拟现实中重温中华历史文明长达五千年的历程，同时也可以见证近代以来国家在“崛起、繁荣、强大”的革命征程中的蜕变。这种先进的科学技术与现实相互结合起来，构建出一种虚实结合的红色历史文化宣传新模式，人们通过线下实地走访和线上学习，深入了解名人名家、校史和军史等相关内容，能够更加深刻地了解其内涵，传承效果也比较好。

利用网络平台和大数据技术，我们可以在全社会营造一种浓郁的文化氛围，实现信息的及时传递与有效共享，并传承和弘扬中华优秀传统文化和民族精神。在当今大数据时代，依靠大数据技术进行数据挖掘与应用，同时对得到的数据资源进行分析，可以得出人们对于传承的传统文化内容的不同关注度与反应，从而找出更加适合人们的传承方式。

将中华优秀传统文化与现代技术手段相对接，这种创新能够使人们感受到其中的趣味性与科学性，使得中华优秀传统文化的传承范围更加广泛，传承的效果也会更好。

（四）营造良好的舆论氛围

在传承和发展中国传统文化的过程中，我们必须注重营造一种积极向上的舆论氛围，以确保其得到充分的重视和推广。当前，我国正处于社会转型时期，社会经济发生了很大变化，人们的思想观念也产生了较大转变，为了确保中国传统文化的传承和发展，首先，让人们对其进行全面深入的探究和认知。其次，要通过各种途径加强对广大人民群众的宣传教育工作，让他们能从历史上认识到传统文化的重要性，进而树立起正确的世界观、人生观和价值观。在当今全球化不断深入的背景下，我们必须积极推广中国传统文化，以增进全体国民，特别是年轻一代对我国传统文化的认知。只有这样才能促进我国传统文化更好地融入现代化建设之中，推动社会主义精神文明的进步与发展。当代年轻人对于中国传统文化并不了解，甚至有一些年轻人对中国传统文化的了解存在着许多被曲解的成分，未能真正领悟中国传统文化的本质。尽管每个人的传统文化知识或许有限，但是我们身上始终传承着传统文化的基因，这不容忽视。

为了促进中国传统文化的传承和发展，我们需要采取多种措施，以营造一种有益于其发展的氛围。在国家层面上，应当强化政府的引导作用，并在相关文化政策上予以支持，同时还要强化学校教育的功能，在学校教育中注重开设与中国传统文化教育相关的课程。同时要充分发挥新闻媒体的功能，通过媒体对优秀传统文化进行有效的传播。从传播媒介的角度来看，要营造一种良好的传统文化发展传播的舆论氛围，可以借助大众传媒的广泛影响力，提供更多的传播渠道，通过各种媒介的广泛宣传来引导广大人民群众，让他们深刻认识和感受到中国传统文化的魅力。全球化趋势日益深入，在这种背景下，西方节日及节日文化传入我国，对我国传统节日构成了严峻的挑战。针对这种情况，我们必须要保持冷静，以一个审视的态度去看待这件事情，尊重传统习俗与节日，使人民大众的积极性被充分调动起来，对于那些已被淡忘或遗忘的传统节日，必须加以保护，并对其进行创新，赋予它们现代气息与时代气息，与现代生活相融合，通过多种途径加以弘扬，让更多的人了解和接受这些具有民族特色的节日。随着社会形态的演变，我们需要在传统节日期间不断创新和发展传统节日文化，以赋予其时代气息，使其更好地融入现代生活，从而增强民族认同性。在对中国传统文化进行传承和发展的进程中，特别需要重视并充分发挥民间的作用，因为只有在民间，学术和文化才能永葆活力，更好地展现出其独立自主的精神。因此，在节日期间，我们不能忽视对民间的宣传、引导和教育工作，而应该让广大民众更多地参与到传统节日活动中来，从而促进传统文化的传播与普及。然而，创造一种有益于中国传统文化传承和发展的积极氛围，并不代表着一场毫无内涵和实质意义的传统文化热潮的炒作。就像之前出现的所谓“国学热”一样，它只是一种表面现象，它的本质在于对传统文化的漠视、轻视以及对传统文化价值认识上的偏差。尽管这种“国学热”现象近年来掀起了热潮，但是，真正地懂得中国传统文化的“国学大师”不是单纯的强化所能造就的。在当前“国学热”的浪潮中，许多学校开展小学生诵读“四书”“五经”的活动，仅仅死记硬背，缺乏对中国传统文化的深刻理解和体验，这不仅无助于推陈出新，也与整个社会的进步不相适应。因此，要想真正形成一种健康向上、文明进步的社会风气，就必须把弘扬优秀民族精神作为一项重要任务来抓。任何一种思想文化，只有在与客观实际紧密结合、被人民群众所掌握的情况下，才能发挥其应有的作用。所以在当今时代，弘扬民族精神，继承优秀传统文化已经成为一个十分紧迫的课题。只有当全社会真正认识到中国传统文化的价值和现代意义，为中国传统文化的传承和发展创造一个良好的社会环境和舆论氛围，才能真正地实现中国传统文化的传承与发展。

（五）完善相关政策法规

对于文化的传承与发展来说，相关政策法规的完善也是一个十分重要的路径。自 20 世纪中叶起，许多国家和地区开始采取立法措施，以保护本国传统文化并促进其传承，但我国在中国传统文化方面的立法仍然处于比较缺乏的状态。全球化进程日益推进，其他各国的文化不断地传入我国，对传统文化造成了一定的冲击，在这种状况之下，如何有效地保存并发扬光大优秀传统文化已经成为亟待解决的问题。为了推动传统文化的传承和发展，我国政府应当采取立法措施，以确保其得到有效的保护和传承。当前，加强对传统文化的法律保护已经是大势所趋。作为社会主义法治建设的重要组成部分，文化立法在法治中国的精神构成要素中扮演着越来越重要的角色，成为法治建设的核心所在。文化是一个民族赖以生存与发展的灵魂，文化立法对推动国家现代化具有极其重要的作用。

在制定完善相关传统文化政策法规的过程中，要注意保护传统文化的物质载体与内容，既要保护有形的文化遗产，同时还要注意保护无形的文化遗产。自中华人民共和国成立以来，我们过分偏重于保护有形文化遗产——文物，而忽视了对无形的文化遗产的保护，没有真正地做到全面地保护与传承传统文化。我国的民间传统文化，包括民间传统工艺等，构成了无形的文化遗产，由于民间传统文化本身就具有很高的历史价值和艺术审美价值，所以对其进行保护也就成为一种必然。在 20 世纪 90 年代，传统文化中关于无形遗产的保护的问题逐渐开始被政府所意识到，在 1990 年，我国颁布了《中华人民共和国著作权法》，并在 2001 年进行了修订，在这之前，国家一直没有出台专门针对民间传统文化的法律法规，这是我国首部旨在保护民间传统文化的法律。之后，我国的民间传统文化得到了民事权利的保护，然而其中许多问题并未得到明确阐述，关于中国传统文化的传承与发展问题，还需要对政策法规进行不断的完善，不断推动立法，推进立法进程。唯有如此，方能确保我国传统文化得到及时、有效、全面的保护，从而更好地实现中国传统文化的传承、发展与繁荣。

法律制度保障的目标在于寻求一种更为合理的保护方式，以实现最大化的保护效益，通过制定完善相关政策法规，对中华传统文化进行保护，能够实现保护利益的最大化，将中国传统文化所带来的社会效益与经济效益相协调，实现二者的最优化。这样能使我国优秀传统文化得到更好的传承和发展。要保护中国传统文化，我们不应该将其束之高阁，而是应该实现对其合理化地利用，在利用中实现保护。在保护和利用中国传统文化的过程中，必须寻求一种平衡，既不能片面追求经济效益，也不能单纯地追求社会效益，而应该注重双重效益与价值的实现，二者相辅相成，也能够更好地促进中国传统文化的传承与发展。

第三节　新媒体环境下中华优秀传统文化的传播路径

一、新媒体的定义及其特点

（一）新媒体的定义

在 1967 年，美国哥伦比亚广播电视网（CBS）技术研究所所长戈尔德马克率先提出新媒体概念。此后，“新媒体”一词在世界范围内得到广泛使用，并成为学术界和业界讨论的热点话题之一。学者们对于新媒体的界定存在着多种不同的观点，至今仍未达成共识。目前在国外，新媒体已成为一个十分流行的词语。在一些传播学期刊中，还存在专门探讨新媒体的专栏，然而这些文章所涉及的研究对象却各有不同，包括手机媒体、移动电视、数字电视、IPTV、博客、播客等。从这些不同视角出发，可以对新媒体作出不同的定义和解释。新媒体是一种什么样的媒体形式？新媒体以数字信息技术为基石，以互动传播为特色，是一种比较富有创新形态的媒体。新媒体是相对于传统媒体而言的一种新兴的媒体形式，新媒体的本质在于其对所有人的传播，这是一种普遍存在的现象。在互联网时代，新媒体可以说已经成为一种独立于传统媒体之外的新型文化力量和社会现象，它改变了人类的生活方式和传播方式，也影响着人们的思想观念与价值取向，它是一个不断演变的概念，其内涵和外延不断拓展和深化。

（二）新媒体的特点

新媒体是在传统媒体的基础上发展而来的，涵盖了手机媒体、网络媒体、数字电视等多种形式。新媒体是一种广泛应用数字技术和网络技术的传播形式，通过电脑、手机、数字电视机等终端，向用户提供信息和娱乐服务，因此，新媒体又可以被称为数字化新媒体。

通过新媒体，大众可以进行个性化的交流与互动，它具有个性化、即时性、互动性、社群化、海量性、共享性等多方面的特征。

新媒体具有很强的参与性，要完成自己的新媒体作品，人们不需要有多强的技术、设备便可以参与其中。随着新媒体技术的发展，人们想要利用新媒体技术表达自己的想法或者使传播某些信息都变得十分的容易，例如备受追捧的定格动画。定格动画是一种全新的创作理念和表现形式，它以每秒 24 张照片的速度呈现在人们眼前。

新媒体技术所呈现的是交互式媒体，人与人之间的互动变得越来越容易，随着技术及社会的发展，未来媒体中媒体与受众之间的互动将会变得越来越深入。

二、新媒体的类型及运营策略

（一）新媒体的三大类型

1. 微博

2011 的 5 月 10 日，新浪微博又推出了自己的新浪微电台，使微博的用户可以凭借智能手机等客户端在收听移动广播的同时还能实时浏览微博、参与大家的互动，这种群体互动和舆论引导功能，在有突发事件出现时体现得更为明显。中国之声的新浪“微电台”在 2011 年 8 月 10 日正式上线，众多中国之声听众通过其官方微博与其进行互动。从目前掌握的数据来看，全国共有 459 家电台在新浪上开通了微电台，其中中国之声影响力排名第一。微电台不仅具有互联网传播与广播二者的优点，还可以使得移动广播由单一的音频传播升级为音视频同步和双向传播的广播新形态，大大拓宽移动广播的发展空间。

2. 微信

微信与移动广播从特点上看，有着很高的亲近度。腾讯公司在 2011 年 1 月推出微信，并在2012年8月启用微信公众平台，到目前为止，微信的用户已经超过13亿，俨然成为国内最重要的微媒体平台。微信与移动广播都依赖于手机这个移动终端，契合移动人群的使用特点，从媒介属性上有着天然的联系，并且可以实现信息的共享和兼容。与微信的结合，可以增强移动广播的互动性，产生二次的开发内容。微信信息传播是一种以P2P为基础的社会化网状人际传播模式，因此具有便捷的文字及语音回复功能，与微博、短信相比较，听众更乐于在微信上与广播节目进行实时的互动、实时路况等，可以大大地增强广播节目的现场感、吸引力及感染力。微信在移动广播中的应用不只是微信互动和微信路况，还可以建立微信电台、微信商城等。通过技术手段连接到微信的电台助手，微信就可以轻松地拓展出节目点播、节目回放、天气预报、雾霾指数、违章查询、幸运抽奖等众多实用功能。

3.App客户端

移动广播手机客户端作为传统广播的一种延伸，为移动广播的发展开拓了新的传播渠道。根据相关的调研资料，目前大众常用的广播App客户端有蜻蜓FM、龙卷风、各家电台自己的App等，客户端的普及使移动广播的收听和消费更加便捷。国内目前有独立App的广播电台有数十家，从种类上看主要是分两类：一是以广播收听、点播、互动等功能为主，像厦门音乐广播、济南经济广播等；二是针对交通广播移动人群收听需要开发的，除了收听、互动等功能，听众可以通过App客户端实时查询到路况播报，像北京交通广播等。

（二）新媒体的运营策略

新媒体公众平台在传播的广泛性、即时性、互动性等方面具有独特优势，充分发挥这些优势就能达到文化传播的良好效果。下面以微信为例，来总结新媒体的运用策略。

1. 明确账号承担的功能

通常情况下，不同层级的微信账号所承担的功能是不同的，比如，专注于节目层面的微信账号的针对性比较强，它可以通过微信平台拓展节目内容，吸引更多忠实听众。频率的微信公众号专注于在微信平台上推广本频率的节目，树立良好的形象，并与微信账号上的粉丝形成良好的人际关系。

微信作为一种语音信息传输工具，与广播媒介的本质属性紧密相连。因此，要确定微信的功能可以依据广播媒体已有的账号运营经验来进行研究分析，微信主要有四种功能，第一，内容推广，深度挖掘节目的核心内容，并进行二次传播。第二，节目预告，以预告的形式向听众展示节目的预告内容，吸引潜在听众。第三，产品推广或活动推广，向听众推广产品相关内容或者发布活动信息。第四，沟通互动，在交流互动中，积极收集听众提供的线索，及时反馈信息或提出意见建议。

2. 精心策划所推送的信息

微信公众号要对所推送的信息进行精心策划，以吸引更多的用户。微信公众号所传递的信息，主要涵盖了两个方面，这两个方面分别是内容和形式。其中内容是最重要的要素之一，但并不是所有的内容都能被用户所接受，因此，这就需要进行精心策划，以使大部分人都可以接受。微信公众平台的使用目的和定位因媒体而异，因此发送的内容也会随之产生差异。在对用户推送信息时，还要注意信息的呈现方式，这既与内容有关，也与公众账号运营人员运用微信的技巧密切相关。只要内容有趣，微信运营技巧丰富，那么就可以吸引大量的用户。

在微信中，不同类型的账号通常使用不同类型的呈现方式。比如新闻类广播账号常常采用“图文报摘”的方式进行报道，比如环球资讯广播、央广新闻热线等，首先呈现在用户眼前的是图片及大标题，十分地醒目，是图与文共存的形式，这样可以增加传播效果，提高用户的收听兴趣。当点击图片和大标题的时候，就可以查看正文，而其他内容则以标题链接的方式呈现。微信平台常常被一些专业的广播频率或节目所利用，以作为信息传递的工具。通过对新闻事件进行分类归纳整理，并辅以相关视频、音频等元素，让听众能够及时获取所需信息。此外，还有一些专注于特定主题的节目，热衷于将微信转化为杂志类的阅读材料，将一些有深度的内容推送给用户，其形式类似于图文报摘，包括有标题、图片、内容预览及全文阅读的链接。

3. 打造令人印象深刻的独特风格

人与人之间的交流互动往往是亲切的、性格分明的，这也是微信的独特之处，它还原了人际传播的基本特征。无论什么时候，独树一帜更容易被人们记住，也更容易吸引人们的注意力。因此，在运营微信账号的时候，就要打造令人印象深刻的独特风格，这样，才能实现信息的更好传播。在利用微信公众平台时，广播媒体必须时刻铭记，微信并非一种严肃的媒体平台，要想与用户更好地交流互动，就必须要使自己看起来像一个性格鲜明的“人”，只有这样，才能实现信息的更好地传播与双方的交流互动。

三、新媒体环境下传统文化传播策略

（一）建设传统文化电子数据库

随着时间的推移，社会的发展，相比起之前，现在是互联网时代，要传播传统文化，就要将它与现代的新兴技术相结合，借助新媒体进行广泛传播、推广和弘扬，以适应时代的发展需求。在这个大环境下，如何利用好新媒体平台，让其成为优秀传统文化的宣传阵地，这是值得研究探讨的问题。传统文化的传承方式历经千年，一直依赖于传统的纸质媒介，这种传播方式虽然在一定程度上促进了我国传统文化的广泛传播和交流，但也存在着许多弊端。在新媒体时代，将中国传统文化转化为数字化存储的方式，是一项具有革命性意义的转型。在国家政策大力支持下，我国各地方公共图书馆纷纷开展了相关工作。比如，启动于国家图书馆的“中国基本古籍库”计划，旨在将传统纸质媒介转化为数字化形式，并在此基础上建立数字化数据库，跟上时代的步伐，让人们可以不受时间和空间的限制进行阅读，这是一项开创性意义的工程。中国传统文化数字化建设项目涉及多个学科，如社科、历史、地理、哲学、文学、艺术等，将对先秦时期到民国时期的所有经典书籍进行扫描，实现电子数据的存储，这是一项十分复杂而又十分伟大的工程。中国传统文化数字化工程是一个系统性的工程，旨在实现中国优秀传统文化资源的在线运行和传播，其核心理念体现在馆藏模式上。其最终目的是建立一个规模宏大、分布广泛的数字化文化信息资源电子库，并实现跨库检索。中国传统文化数字化工程建设是一项涵盖了中华五千年灿烂文化和当代文化建设伟大成就的数字技术重现计划，旨在全面呈现中国传统文化的各个方面内容。数字化数据库作为一种重要的媒介和平台，在网络传播中国传统文化的过程中发挥着至关重要的作用。

（二）数字化出版是传统文化传播的新方式

随着中国传统文化数字化储存的逐渐发展，磁性介质的电子出版物也蓬勃发展起来。随着网络和手机技术的成熟，纸质载体逐渐被淘汰，取而代之的是电子书。随着数字出版技术的不断进步，新兴媒体的涌现使得传统媒体之间的边界变得模糊不清。电子出版物作为一种新兴的信息传播方式与纸质文献相比具有不可替代的优越性。数字化转换后，中国传统文化的内涵能够以图文并茂的方式在相应的终端电子设备上得以生动呈现。电子出版物具有信息量大、便于携带和阅读、方便快捷等优势，已成为传统文化传播的新宠。电子出版物作为一种新兴的文化产品形态，具有独特的表现形式和传播方式，是文化产业中极具发展潜力的新兴产业。电子出版物在获得版权许可后，可在最广泛的范围内进行销售，覆盖范围十分大。数字技术使文化信息的生产与流通产生了革命性变化，对传统文化传播产生巨大影响，推动着传统文化向新媒体形式转移。大约未来五至十年内，网络出版将成为文化出版和传播的重要媒介和模式，为文化传播方式和领域带来全新的变革，这也将促进传统文化的广泛传播和深入挖掘，有助于传统文化价值的交流和推广。

（三）通俗化传播成为传统文化传播的新手段

目前，随着社会的发展，新媒体传播途径逐渐被越来越多的人所接受，通俗化传播开始成为传统文化传播的新手段。因此，我们需要对传统文化的传播方式进行根本性的变革。所谓通俗化传播，就是将一些具有一定艺术价值和审美趣味的优秀传统文化通过电视、广播、电影等现代传播媒介予以广泛传播，使之大众化。为了满足普通文化层次观众对传统文化的需求，我们需要采用一种通俗易懂的传播方式。在进行文化普及和传播时，必须充分考虑到传统文化在现实社会中的生存环境和社会大众的接受水平，并采用符合大众口味的方式，以达到通俗化传播的目的。通俗化传播可以有效地提高传统文化在大众文化市场上的地位，使其与主流文化相融合，形成一种具有吸引力和影响力的强势文化形式。随着时代的演进，老庄思想、儒家学说及《三国演义》《红楼梦》等经典著作对于广大民众而言，呈现出一种晦涩难懂的状态。在这样一种背景下，通俗化传播便应运而生了。将这些典籍翻译成通俗易懂的白话文，以便于广大读者在手机终端网络阅读，这就是通俗化传播的核心理念。当传统文化利用电视、网络媒体进行传播之时，可以采用诗词、典故比赛或者是学者真人秀的形式播出。在竞赛之中，观众们可以体会到那种刺激感，同时也可以更加深入地了解传统文化，了解历史。在学者真人秀中，学者们以幽默风趣的方式向读者讲解一些比较晦涩难懂的古籍，妙趣横生，能够使观众们更加容易理解。此外，传统的蒙学读物采用动漫形式呈现古代励志的典故和劝诫故事，以寓教于乐的方式实现蒙学教育的现代化转型。总之，借助现代技术与手段，传统文化的传播变得越来越广泛与深入，也因此吸引了大批观众，并产生巨大影响。

对于绝大多数普罗大众而言，虽然大家都知晓中国传统文化，但是对于它的了解却并不深入，这导致我们与传统文化逐渐疏远。这时候，就需要向大众传播关于中国传统文化的事迹与内涵，比如《百家讲坛》节目，它便是挖掘与传播中国传统文化的节目，它以一种易于大众接受的方式进行传播，从而激发了最广泛的普通民众对学习中国传统文化的浓厚兴趣。它所涉及的内容非常广泛，包括历史、哲学、文学等各个领域的优秀之作，具有很高的学术价值和艺术魅力。《百家讲坛》节目在电视和网络平台的巧妙运用下，以通俗化的方式延续了传统文化，成功实现了传统文化的广泛传播，推动了传统文化的现代化转型。

中华优秀传统文化的传承，并非仅仅是将其束之高阁，而是要在更广阔的范围内汲取其中的道德教育资源，以建立一个社会主义道德大厦，从而更好地对其进行传播。

第五章　中华优秀传统文化的创新发展

本章为中华传统优秀文化的创新发展，主要介绍了中华优秀传统文化面临的危机与转变、中华优秀传统文化的现代化价值、中华优秀传统文化创新发展的基本路径、中华优秀传统文化创新发展的工作重点。

第一节　中华优秀传统文化面临的危机与转变

一、中国传统文化面临的危机

在中国现代化进程中，新旧社会急剧转型，至今仍在路上；中西思想相互激荡，逐渐融会贯通；中国文化则经历了从危机到自觉再到新危机的过程，始终在努力寻求突破。

（一）新旧社会急剧转型

从晚清时期开始，当时的人们就在不断地反思，寻求进步，对此，梁启超有过精彩论述："第一期，先从器物上感觉不足……于是，福建船政学堂，上海制造局等等渐次建立起来……第二期，是从制度上感觉不足……所以拿'变法维新'做一面大旗，在社会上开始运动……第三期，便是从文化根本上感觉不足……渐渐要求全人格的觉悟。"[①] 正如梁启超所言，近代中国人的"反省"，依次经历了"器物层面—制度层面—"伦理"层面的变革。在这三大层面的变革中，时贤们学习西方先进技术，"师夷之长技以制夷"；学西方先进制度，引导中国建立新的社会制度；学习西方先进文化，开展"新文化运动"，通过各种方式，努力使中国现代化运动扬帆远航。然而，每一次努力几乎都以失败而告终，近代中国始终被亡国灭种的危险威胁着。

① 梁启超．饮冰室文集[M]．北京：中华书局，1979.

如梁启超所说，当时中国人的“反省”先后经历了三个层面，逐渐变得越来越深入。一开始只是处于器物层面的反思，这一时期的贤人们学习西方的先进技术，并将其带入国内；后来，逐渐转变到制度层面，在这一层面，当时先进的人们开始号召学习西方的先进制度，通过建立新的社会制度来完成改革，促进社会发展；再到最后的伦理层面，这一时期开展了新文化运动，汲取西方先进文化的精髓。在当时，人们通过多种途径，做出了多种尝试，为推动中国现代化运动的蓬勃发展而努力。然而，每一次殚精竭虑的尝试都以失败告终，近代中国始终处于亡国灭种的危机之中，岌岌可危。

直到中国共产党的诞生，这一局面才经历了根本性的转变。在中国共产党人的带领下，中国人民经历了一场艰苦卓绝的斗争，最终建立了一个崭新的中国，中国不再是半殖民地半封建社会，中国人民重新站起来了，这是一个真正的人民当家作主的社会。在中华人民共和国成立之后，为了引导人民能够过得越来越好，不断地增强综合国力，中国共产党人殚精竭虑，不断探索，在引领中国人民进行改革开放的过程中，社会经历了翻天覆地的变革，人们的生活也变得越来越好。

在近代中国的漫长历程中，我们不难发现，从晚清到民国，再从新中国到改革开放，直至今日，整个社会一直在经历着剧烈的转型，这其中固然有时代的原因和政治、经济、历史等因素的影响，但更多的是由社会内部自身所固有的矛盾运动所致。随着社会的急速转型，文化也在不断的激荡和升华。在传承与发展中国传统文化之时，需要面临的危机之一就是新旧社会的急速转型。

（二）中西思想相互激荡

目前，中华优秀传统文化还面临着中西思想互相激荡的危机。每一种文化都是对其所处时代精神的传承和诠释。随着时代的变化，一系列新的制度、思想和文化元素相继涌现，形成了全新的面貌，作为人类精神现象之一的文化也不可避免地发生着变化。近现代中国的文化历程相关的思潮主要可以分为三类，这三类分别是自由主义思潮、以“东方文化派”为代表的保守主义思潮及以“马克思主义”为代表的思潮。下面分别对这三种思潮进行简要分析。

自由主义思潮坚定地主张摒弃传统文化，他们引入西方的一些有关自由、平等、人权等观念，其核心主张是以西方文化为基础，对中国文化进行批判、改造，甚至取代其地位，借以培养具备现代伦理觉悟的公民，从而推动中国现代化的进程。

与自由主义思潮正好相反，代表着文化保守主义思潮的“东方文化派”一致反对西化，随着西方文化逐渐深入中国，中国的传统文化开始陷入危机，在这种情况下，他们主张传承和弘扬传统文化，并呼吁运用中国儒家文化等东方文化，来拯救目前所面临的困境。

以“马克思主义”为代表的思潮，并不像前两者一般，过度地批判中国传统文化，或者是过度地反对西方文化，他们主张对人类所有优秀文化遗产进行批判和继承。为此，要坚决“冲决历史之桎梏，涤荡历史之积秽，新造民族之生命，挽回民族之青春”，① 主张在大破大立中再造一个“青春中国”。最终，这种文化观念逐渐被中国共产党所继承，在不断艰苦探索的过程中，他们逐渐地肩负起中华民族伟大复兴的历史使命，形成了自己独特的文化，即中国特色社会主义文化。

无论如何，当时中国所出现的这三种思潮都展现出当时的仁人志士们为了救亡图存而不懈努力奋斗的精神，他们向西方学习先进的文化与思想，渴望能够解决当时中国所出现的各种问题，促进中华民族的伟大复兴。可以说他们是“在许多共同观念的同一架构里运作，不过对同一问题的解决采取了不同的途径和方式而已。”② 但最终笑到最后，并真正指引中国继续前进的是中国特色社会主义文化。

（三）文化危机始终相伴

在整个近现代的历史长河中，随着社会的发展，人们的各种思想和观点各异，在交流与沟通之中，这些思想与观点也在不断地发生着碰撞，在这个过程中，文化自信的危机始终存在着。这种文化自信的危机表现在器物变革、制度变革及思想变革的层面上，下面简要分析。

在器物变革层面，中国学习西方先进的科学生产技术，渴望“师夷之长技以制夷”，但是这种技术器物层面上的变革并没有解决当时中国的问题。

在制度变革层面，中国当时曾经出现过两种派别，分别是维新派与革命派，一派比较温和，一派比较激进，但是，最终这两派都没有真正地解决当时中国所

① 李大钊．李大钊选集：民彝与政治 [M]．北京：人民出版社，1959.

② 方克立．现代新儒家与中国现代化 [M]．天津：天津人民出版社，1997.

面临的问题。

在思想变革层面，在当时，仁人志士们向西方学习，提出了很多不同的观点与思想，这些不同的思想观点相互碰撞，形成一股又一股不同的思潮，在这些思潮的激烈碰撞之中，展现出当时的人们对于中国文化前进方向的迷茫与挣扎。

在今天，这种文化危机仍然存在，不过相比起之前又有了新的含义。如今，我们的国家变得越来越强大，但是与西方十分丰富的文化输出相比，我国在文化方面还不够自信，还需要继续努力。

二、中国传统文化转变的必要性

（一）道德至上的价值取向与科学价值观相冲突

在中国传统文化中，道德理性被视为一项至关重要的特质。儒家在强调以礼治国安民时，也特别强调道德教化的重要性，并认为道德教化有助于提高人们的道德素质和思想境界。中国的治国传统紧密联系着以德为本的理念。中国是礼仪之邦，高度重视道德，这也维护了社会的和谐与稳定。首先，如果以伦理原则为绝对的价值尺度，将其视为衡量一切事物和行为的首要标准，这与唯物史观的生产力标准是存在矛盾的。其次，如果过分地强调人类道德伦理的重要性，那么人类对自然界的科学探索就会受到影响，从而阻碍科技的不断进步。再次，将道德标准过度绝对化，就会导致人们忽视法制，从而很容易导致人们走向以人为中心的治理方式。最后，这种道德观念的越位和扩张导致中国文化呈现出一定程度的僵化性与封闭性，随着全球化趋势的发展，不同国家之间的交流与沟通的范围变得越来越大，人们变得越来越开放，在这种情况之下，人们不再盲目地追求某一种文化模式，而是逐渐理解多元化的价值取向。因此，要实现中国文化的现代化，就要改造这种道德至上的观念。

（二）整体直观思维方式与现代科学知识论相冲突

目前，在中国传统文化方面，存在着整体直观思维方式与现代科学知识论相冲突的问题。在中国文化的深层结构中，思维方式问题扮演着至关重要的角色，是一个比较核心的问题，它直接影响着人们的思想观念与行为模式。在中国文化中，其思维方式比较整体直观，注重从整体角度把握事物，重视事物之间的联系与统一，重视体悟主客体关系，而不注重对其逻辑的清晰把控。而西方文化则比较注重逻辑分析，这种思维方式在中国传统文化中并未得到充分的体现。

中国古代传统所采用的整体直观思维方式，乃是一种朴素而又具有辩证性质的思维方式，其所呈现出的直观性和模糊性，实则是一种高度抽象的概念。在这一前提下，古人往往把整个世界当作一个系统来看待，从宏观上加以考察，从而形成了整体的思想。尽管它强调了对自然界和人类社会的整体性把握，但是这种整体性认识是依赖于人类直观能力的支持，并不建立在对整体各个细节的清晰认知之上。但是，实际上，要想真正地把握世界的总体，只是认识到事物之间的普遍联系，是远远不够的，还需要更深入、更细致地分析和研究事物本身。这就是我们在现代哲学中常常遇到的实证主义问题。科学的发展需要具备实证精神，只有这样才能全面把握事物的本质。对于事物的整体把握，若不经过“点”的分析，而仅仅模糊地对其整体进行把握，则难免带有猜测和独断的色彩，同时对于对象的认知也就比较模糊，因此其结论往往或然性比较大。

因此，可以认识到，尽管“东方思维方式”具有许多优点，但其在现代科学研究中所面临的限制也是不可忽视的。从一定程度上来说，这种思维方式也是导致中国近代科学进步缓慢的因素之一。因此，必须对其进行反思，以便更好地发挥其积极作用。传统文化要想进行现代化转型，就必须要树立国人的科学的意识、精神与方法，重建某些文化价值观，从而进一步增强中国文化的力量。

（三）缺乏民主的传统与现代民主精神相冲突

在中国传统文化中，关于民主的观念几乎没有，其实，在当时的文本典籍中也是有“人本”与“文本”的观念的，只是很少被提及，主要是因为封建主义的禁锢。

相比起西方，中国的封建主义发展得更为久远，而且发展也比较深入，封建经济为封建王朝提供了坚实的物质基础，支撑着其庞大的国家机器，随着封建主义的发展，市民自治政体的生长空间不断受到挤压，民主相关的话题也就变得销声匿迹。在封建时期，国家政治权力高度集中，中国封建君主专制的中央集权所仰仗的物质力量与军事力量都是高度统一的，统治者拥有至高无上的地位，他们主导着思想文化，这就阻碍了民主力量的形成和发展。另外，封建社会的政治结构决定了国家权力高度集中于皇帝手中，民众阶级的经济实力增长受到了封建专制主义坚强有力的阻碍。总的来说，封建专制制度的各种传统比如人治传统、家长制传统、尊官贵长的权威主义传统等有力地支持了封建主义，同时也阻碍了民主力量的发展。

其次，中国传统民族所倡导的集体主义理念，虽然是我们民族文化的珍贵遗产，但这种思想逐渐被封建统治者所利用，就逐渐演变成了对个体的压抑。从这个角度讲，我们应该看到，它与现代西方民主社会里所倡导的个人自由平等理念有着很大差别。中国精英文化的主题之一是集体主义的价值取向，比如儒学强调家族观念和“移孝作忠”的家国一体观，强调家族、民族和国家的整体性。另外，关于整体思想，在法学中也有所体现，以《商君书》为例，政治思想上呈现出一种以整体主义为核心的“尚公”思想，彰显了其思想内涵。该组织将个体民众组合起来，将他们所属的社会组织视为一个完整的整体，并赋予其共同的立场和利益，使他们为了共同的利益而奋斗，从而更加维护这个整体。在这个整体之中，君主占据着最主要也是最崇高的地位，民众们将其视为该整体利益的代表，并服从封建统治者的统一意志。在这种封建制度下，君主的权利十分大，其中《商君书》中的“公”，绝非天下之“公”，而是封建帝王为实现一己之私利而害天下之公益的“公”。[①] 这样的“公”，这样的“整体意识”，同现代文化的发展是格格不入的。

（四）根深蒂固的国民品性与现代人格相冲突

中国哲学是一门高深的学问，重点是关注如何与自然、社会和他人建立良好的互动关系，如何自处，如何使自己成为一个人，它是关于人的哲学。在先秦时期，诸子百家、百家争鸣，各个思想流派的思想与观念是不同的，但是其核心都是一致的，即如何处理人与人之间的关系，如何“治人”。自 20 世纪 20 年代以来，中国社会中存在着众多的问题，其中关于“国民性”问题的探讨始终存在着，盛久不衰，备受关注。鲁迅先生的很多作品都是与国民性问题有关，他的作品深刻地揭示了国民内心深处的劣根性，让人深感震撼。比如，在《阿 Q 正传》中的阿 Q，他就是十分典型的某些国人的形象，他身上有着各种不良的习惯，比如怯懦、散漫、懒惰、迟缓、守旧和屈服于旧势力等，另外，由于读书少，他的思想也是

① 《论丛》编委会 . 秦文化论丛：第 12 辑 [M]. 西安：三秦出版社，2005.

愚昧无知的，让人读起来便觉得可悲又可怜。另外，在《中国文化要义》一书中，学者梁漱溟也对中华民族的一些品性特点进行了研究，中国人普遍和平文弱、爱讲礼貌、勤俭，同时又自私自利、守旧等。关于国民劣根性的问题，主要可以分为两个方面。第一，封建专制主义压迫下形成的不良的习惯，比如尊官贵长、讲究裙带关系等。第二，由于小农经济形式影响所形成的一些不好的习惯，比如无知、散漫、守旧、愚昧、怯懦、盲从、安土重迁、缺乏时间观念和效率观念等。

在全球化语境下，要想更好地传播中国传统文化，就必须要克服以上这些不好的心理问题，只有变革落后的、不良的思想和观念，才能使之成为推动我国社会进步的动力，积极推动中国传统文化向现代化转型。

三、中国传统文化现代转变的紧迫性

随着时间的推移，维新派、革命派以及五四运动等轮番登场，中国传统文化与西方文化思想不断地发生激烈的碰撞，甚至表现出激烈的反传统的特征。在20世纪30年代中期，在书籍《近五十年中国思想史》中，郭湛波指出农业宗法封建思想与工业资本社会思想的冲突是当时最主要的思想冲突。陈、胡等所做的主要工作是“一方面破坏中国农业社会旧有思想，一方面输入西洋工业资本社会之新思想”。“中国农业宗法封建社会思想的代表，就是孔子……自从工业资本社会思想来到中国，所以首先攻击这笼罩两千余年的孔子学说思想”。[①]

中国在迈向现代化的过程中，经历了一段充满痛苦的反传统时期，这段历程付出了巨大的代价。中国向现代的迈进经历了这一痛苦的反传统阶段，付出了高昂的代价。特别是五四运动，出现“全盘性的”激烈的反传统，要求彻底摧毁过去一切的思想。一些论者认为，这主要是因为一些人信仰进化论，他们将中国传统文化与西方文化相互对立起来，反传统的思想和运动越来越激烈，使得中国传统价值观念严重缺失，中华民族精神遭受严重的危机。在五四运动时期，最受到诟病的传统文化就是宗法观念与封建礼教，在批判这些老旧观念的同时，有一些人矫枉过正，将孔子以及整个中国传统文化都进行了批判，这种做法是不对的，使得中国传统文化的传播与发展受到了很严重的阻碍。

文化和文化的演变是一个错综复杂的过程，世界上有许多国家与民族，这些

① 郭湛波．近五十年中国思想史[M]．济南：山东人民出版社，1997.

不同国家与民族之间的不同文明的发展之路各不相同，而且，不同的民族文化的发展并不都是一帆风顺的，有的是不断曲折发展的，进化本身也包含了反复和跳跃、分离和回归等多种因素，不可能完全一致。从历史经验来看，任何一种新思想或新形态都要经过一个曲折的过程才最终得以形成并为人们所接受。在当时的背景下，针对复杂多样的文化问题，一些人过于急躁冒进，甚至是功利，他们对立西方文化与中国传统文化，对于本土中国文化则是产生了激烈的排斥，这些心态都不利于中国传统文化的转变与发展。在这样的背景下，对中国传统文化就很难做冷静、细致地分流和转化工作。

到了 20 世纪 60—20 世纪 70 年代，一些历史性的原因，使儒学遭到空前的劫难，传统文化遭到了极度的破坏。

改革开放之后，在抓物质文明的同时，忽视了对精神文化的建设，导致了人文精神的忽略，使实用主义及功利主义流行起来，一直持续到今天，社会的人文精神遭到破坏。

在审视现代中国文化的演变历程时，我们必须承认文化现代化发展的积极方面，并维护其正在蓬勃发展的新因素。同时，我们必须正视社会变革中的文化冲突，积极努力克服和减少其不利影响。从历史角度看，我国传统文化是一个不断扬弃的系统，它始终是在不断的发展之中。在中华大地上，中国传统文化是一种永恒的文化遗产，是文明进行文化建设的重要资源，不可或缺。在现今时代，要建立社会主义社会精神文化，最重要的就是要针对文化主体进行强化建设，所谓文化主体，就是指人，要全面提高人的素质，振奋人的精神，丰富人的个性，促进人的发展，美籍华裔文化学者林毓生教授说：“人性最大的光辉是：我们有天生的道德资质，以及在思想上经由反省而能自我改进的理智能力。今后中国有识之士，必须以这两种内在的资源为基础，从认清我们自己特殊而具体的重大问题出发，重建中国的人文。”①

中国文化源远流长，底蕴深厚，但是，随着时代的发展以及西方其他文化的涌入，中国传统文化还需要进行转变与创新，以孕育出新时代的人文精神并有力地推动社会的进步。因此，如何以先进文化引领社会发展成为当下迫切需要解决的问题之一。这时候，需要考虑到当前中国文化的转型与创新所面临的背景问题，

① 林玻生．中国意识的危机[M]．贵阳：贵州人民出版社，1988.

其背景是多方面的，例如：随着经济的变革，经济体制发生转变，从计划经济体制转向市场经济体制，这时候就需要培养出注重开拓创新和实现价值、具备市场意识的人文精神；在政治变革的进程中，不再是之前的权威型结构和家庭型管理，而是逐渐向着科学化管理和民主社会管理进行转型，需要培养具备现代法治意识和平等观念的人文精神；等等。现代化社会逐渐发展起来，要想跟得上时代的发展，满足社会发展的需要，我们必须开创一种全新的文化形态，这种形态不仅包括新型的民俗文化，还包括能够展现各地积极向上的文化情趣、精神风貌、艺术水准的文化设施和人文景观。

第二节　中华优秀传统文化的现代化价值

一、值得借鉴的优秀传统文化价值

中国传统道德有消极的成分，更有积极合理的意义。我们把中国传统道德在形式载体和思想内容上都具有积极借鉴意义概括为如下七个方面。

（一）自强不息的奋斗精神

世界上每一个民族都有其赖以生存和发展的民族精神，它在一定程度上作为一种内驱力推动了这个民族的发展，维系了这个民族的存在。一个民族如果没有了基本精神，这个民族也就要临近灭亡了。那么，我们的民族精神可用张岱年先生最早的“自强不息”来概括中华民族的优良传统和民族精神。《易传·象上》曰：“天行健，君子以自强不息。”意谓天道刚健，君子效法天道，以顽强的奋斗精神来实现自己的宏愿。这种不靠天不靠地只靠自己努力奋斗的精神，在《墨经》中也有所体现。墨子尚力，认为“强必治，不强必乱；强必饱，不强必饥”“强必富，不强必贫；强必暖，不强必寒”。《墨子·非命》提出：“赖其力则生，不赖其力则不生。”《淮南子》也说：“墨子服役者百八十人，皆可使赴火蹈刃，死不还踵。”孔子为了实现自己的政治主张，孜孜不倦，颠沛一生，乃至发愤忘食，乐以忘忧，这也是自强不息精神的显现。

（二）厚德载物的仁爱精神

自强不息是强调我们民族精神中阳刚的一方面，厚德载物则是强调我们民族精神中的博大的仁爱宽容精神。“仁”是儒家伦理思想的核心。“仁”的本义是把人当作人，所以，樊迟问“仁”时，孔子回答说“爱人”。《中庸》云：“仁者，人也。”孟子亦云：“仁也者，人也。”朱熹对“仁”的解释最为精当，他说：“仁也者，人之所以为人之理也。”因此，用“仁”来规定人，把“仁”视为人之为人的根本，乃儒者之通见。儒家认为，一个人要想做到“仁”，就应当有宽厚爱人之心。《易传·象上》云：“地势坤，君子厚德载物。”意谓地的运行是极其柔顺的，君子效法地势，就应当以宽厚之德爱人利物。张载说：“民吾同胞，物吾与也。”也是要求人们以厚德载物的博大胸襟，视人类为胞，以万物为朋友，“尊高年，所以长其长；慈孤弱，所以幼其幼”。（张载《西铭》）张岱年先生把《易传·象辞》中提出的“天行健，君子以自强不息。地势坤，君子以厚德载物”合起来，统称为中华民族的根本精神。“自强不息”倡导的是一种阳刚向上的奋斗和拼搏精神，厚德载物则提倡一种阴柔宽容、兼收并蓄、恢宏宽厚的精神，二者刚柔相济，阴阳互补，由此形成我们的中华精神。

（三）爱国爱民的集体主义精神

在中国传统文化的视野中，国、家和个人是紧密联系在一起的一个整体，其利益具有一致性。孟子讲：“人有恒言，皆曰：‘天下国家。’天下之本在国，国之本在家，家之本在身。”（《孟子·离娄上》）《大学》中讲“八条目”：格物、致知，诚意、正心、修身、齐家、治国、平天下。其云：“大学之道，在明明德，在亲民，在止于至善。”“古之欲明明德于天下者，先治其国；欲治其国者，先齐其家；欲齐其家者，先修其身；欲修其身者，先正其心；欲正其心者，先诚其意；欲诚其意者，先致其知；致知在格物。物格而后知至，知至而后意诚，意诚而后心正；心正而后身修，身修而后家齐，家齐而后国治，国治而后天下平。”从这里，我们不仅可以看到格物、致知、诚意、正心、修身、齐家是国治天下平的前提条件，还可以看到国治天下平是正心、修身的目的和归宿。因此，二者相互联系，密不可分，故孟子云：“君子之守，修其身而天下平。”（《孟子·尽心下》），由此我们可以看到，在儒家文化中凸显着一种身、家、国、天下一体的整体意识，凸显着一种为实现治国平天下的伟大理想而不惜牺牲身家的集体主义精神。汉儒董仲舒有一句名言，叫作："国而忘家，公而忘私。"宋儒范仲淹讲："先天下之忧而忧，后天下之乐而乐。"清儒顾炎武讲："天下兴亡，匹夫有责。"凡此等等，都是中国传统文化中爱国忧民的集体主义精神的显现。宋明理学家"严义利之辨"，倡导"存天理，灭人欲"，但是，若透过其为封建统治辩护的外壳，我们仍可发现其中"与众同利"（二程语）、"公天下之利"（张载语）所体现的注重国家和民族利益的集体主义精神。这种为天下、国家之义理、公利而不惜牺牲个人私欲、小利的思想，如果剔除了其为封建统治阶级辩护的外壳，即便是在我们建设社会主义市场经济的今天，也依然闪烁着集体主义的光辉。

（四）明道正义的治功途径

有一种流行的看法认为，儒家文化在道德评价问题上具有重义轻利的思想倾向，并且正是这一点阻遏了中国社会的发展。这实在是一个莫大的误会。实际上，儒家文化不但讲利，而且是在更高的层次上即义利统一的高度上讲利，它要求社会的全面发展。

儒家思想的实质和核心是治国平天下的社会实践。《大学》讲"三纲领""八条目"，其最终落脚点就是"治国""平天下"。有人说，儒家讲的治国、平天下主要以仁义礼智为基本内容，而不大包含物质利益的内容，这是缺乏根据的。《论语·子路》载："子适卫，冉有仆。子曰：'庶矣哉！'冉有曰：'既庶，矣，又何加焉？'曰：'富之。'曰：'既富矣，又何加焉？'曰：'教之。'"从"庶矣"到"富之"，再到"教之"的基本思路表明，孔子的仁义礼智，是以物质文明为前提条件的。因此，孔子治国不仅注重仁义礼智等精神文明方面的内容，而且尤为关注"庶矣""富之"的物质文明方面的内容，主张"因民之所利而利之"。(《论语·尧曰》）以治国平天下的社会实践为思想核心与归宿的儒家文化，如果摒弃了物质利益，无论如何是讲不通的。

但是，孔子的确说过"义以为质""君子喻于义，小人喻于利""放于利而行，多怨"一类的话，孟子也说过："王何必曰利，亦有仁义而已矣！"（《孟子·梁惠王》）"大人者，言不必信，行不必果，惟义所在。"（《孟子·离娄》）对此又当如何解释呢？我们认为，在儒家两千多年思想的发展中，孔子、孟子、朱熹等人的确说过"重义"的话，但对这些话我们要做具体分析，要注意他们讲话的背景，更要注意从整体上把握他们的本义，决不可断章取义。细察他们有关义利关系的各种言论，凡是他们贱“利”的时候，这个“利”都是个人私利，而对于国家、群体之公利，他们不但不轻不贱，反而予以褒扬。因此，如果说儒家贵义则可，但要讲到贱利则须区别对待，或者说为儒家所轻贱的从来都是一己之私利，他们从来就没有反对社会和群体的物质利益。孔子固然主张“义以为上”，但孔子赋予“义”的实质则是“因民之所利而利之”。孔子评价子产，说他“其养民也惠，其使民也义”，这里“惠”“义”对举，而且，二者同为子产的四种美德（恭、敬、惠、义），表明“惠民”“养民”都是孔子所倡导的，也就是说，孔子并不排斥物质利益。不仅如此，孔子甚至还说：“义以生利，利以平民。”表明他看到了义、利之间的统一关系。孟子见梁惠王曰：“王何必曰利，亦有仁义而已矣！”论者据此认为孟子只言义，不言利，实大谬也。孟子要求梁王不讲利，只是不“讲”，但并非真的不“求”利，正如他自己所说，若国王皆曰“何以利吾国”，大夫皆曰“何以利吾家”，士庶人皆曰“何以利吾身”，如此就会出现“上下交征利而国危矣”的局面。因此，孟子认为，对梁国而言，应当先义而后利，“苟为后义而先利”，则会出现“不夺不厌”的混乱局面，基于此，孟子告诫梁王：“未有仁而遗其亲者也，未有义而后其君者也。”由此可见，仁义之中不是自有其利。因此，孟子最后的结论是“王亦曰仁义而已矣，何必日利？”“不通欲二”荀子也不排斥“利”，他说：“义与利者，人之所以两有者，虽尧舜不能去民之欲利。”但是，荀子主张“利”应受到“义”的调节和控制，即所谓以义制利、以义胜利，反对以利克义，他说：“能使欲利不克其好义也。……故义胜利为治世，利克义者为乱世。”可见，荀子认为义，利乃人所具有的对立统一的两个方面，人不能随意去掉任何一方，正确的态度应当是以义制利、先义后利。因此，荀子事实上也看到了义与利的统一关系。

董仲舒也尤为注重义与利的统一。论者多据董氏《春秋繁露·身之养莫重于义》认为董氏尚义而轻利，因为他在此文中说“义之生养人，大于利”“夫人有义者，虽贫能自乐也；而人无义者，虽富莫能自存。吾以此实义之养生人大于利而厚于财也”。但是，应注意的是，此处所言之利是指用以“养其体”的私利。因此董氏所轻之利，实私利也。至于“为天下兴利”之公利，董颇为注重，并认为这一意义上的利与义是完全统一的。他说：“天常以爱利为意，以养长为事，春秋冬夏皆其用也。王者亦常以爱利天下为意，以安乐一世为事，好恶喜怒而备用也。……人主出此四者义则世治，不义则世乱。”董子认为，圣人君子“爱利天下”则谓之义；否则，谓之不义。因此，义利在董氏那里绝非对立排斥的范畴。

值得注意的是，即便是谈到“私利”与“义”的关系，董氏也从未把它们全然对立起来。他说：“天之生人也，使人生义与利。利以养其体，义以养其心。心不得义不能乐，体不得利不能安。义者心之养也，利者体之养也。体莫贵于心，故养莫重于义。义之养生人，大于利。”[①] 虽然董氏认为“心”之养重于“利”之养，但正如“心”与“体”紧密统一，不可分开一样，义之与利亦然。

还有论者多以董氏“正其谊不谋其利，明其道不计其功”之语而认定董氏贵义而贱利。但此语出自《汉书·董仲舒传》，而见诸《春秋繁露·对胶西王越大夫不得为仁》的记载则为“正其道不谋其利，修其理不急其功”，此处“不急其功”与“不计其功”语义轻重相去甚远。这一点张岱年先生早有明言：“《春秋繁露》所载，乃董子原语，而《汉书》所记，乃经班固修润者。惟‘不谋其利’一语，乃二书所同，此利乃指私利。”正是在这一意义上，张先生认为，董氏所轻之利，乃私利也。为天下兴利，乃公利也，公利也就是义，也就是“心之养”。晋人傅玄也强调道德仁义与利益关系的统一。他说：“昔者圣人之崇仁也，将以兴天下之利也。利或不兴，须仁以济。天下有不得其所，若以推而委之于沟壑。”又说：“仁人在位，常为天下所归者，无他也，善为天下兴利而已矣。”可见，在傅子那里，利是道德评价的根本。也有人根据傅玄所讲的“丈夫重义如泰山，轻利如鸿毛，可谓仁义也”，断言傅子重义轻利。但事实上，傅玄此处所轻之利乃私利也，其思想主旨仍是要求人们以兴天下之利为务。

张载提出“义，公天下之利”，以义规定利，把公利视为义，坚持了儒家的一贯立场和基本精神。程颐论义利虽有轻重之偏颇，但从根本上看，他并不排斥利。他认为利有两种，一是与义相合的利，二是与义相悖的利。他说：“夫利和义者善也；其害义者，不善也。”所谓和义之利，亦即天下之公利，所以他又说：“苟公其心，不失其正理，则与众同利。”

南宋哲学家叶适虽然兼重义利，但他以利论义，似有夸大利的地位和作用的偏颇。他在分析董仲舒《春秋繁露》中的两句话时说：“正谊不谋利，明道不计功，

① 杨大禹．儒教圣殿：云南文庙建筑研究[M]．昆明：云南大学出版社，2015．

初看极好，细看全疏阔。古人以利与人，而不自居其功，故道义光明。既无功利，则道义乃无用之虚语耳。”意谓道义寓于功利之中，离开功利便无道义。

把义利关系讲得最好的，应算清代的颜元。他说：“以义为利，圣贤平正道理也。……利者，义之和也……义中之利，君子所贵也。后儒乃云正其谊不谋其利，过矣……予尝矫其偏，改云：正其谊以谋其利，明其道而计其功。”① 在他看来，义与利的关系可以概括为两个方面：一方面义中自有其利，这是把利归结为义；另一方面，正谊是为了谋利，明道是为了计功，这是让义落脚于利。为了进一步说明这一关系，他又说：“世有耕种而不谋收获者乎？世有荷网持钩而不计得鱼者乎？抑将恭而不忘其不侮，宽而不计其得众乎？这不谋不计两个字，便是老无释空之根。……盖正谊便谋利，明道便计功，是欲速，是助长；全不谋利计功，是空寂，是腐儒。”可见，颜元较为系统地阐述了道德与经济的关系，很好地解决了中国传统伦理思想中的道德评价问题。

综上所述，我们认为，“义利双行”（陈亮语）是儒家的一贯主张，重利轻义不符合儒家思想本意。由此可见，中国文化是一种义利双行的文化，它把“利”置于“义”的调节控制之下，用“义”来规范“利”，既讲“博施于民而能济众”（孔子语）、“制民之产”（孟子语），又讲“以仁安人，以义正我”（董仲舒语），要求物质文明与精神文明协调发展。因此，我们认为，中国文化是在更高层次上对社会经济发展的观照，是架通物质文明与精神文明、市场经济与道德进步的桥梁。正是在此意义上，我们说，以“义利双行”为基本特征的中国文化为市场经济条件下社会主义新道德的建构，提供了丰厚的文化土壤，它是社会主义新道德的形式和载体。

（五）信以待人的处世原则

孔子说：“人而无信，不知其可也。大车无輗，小车无軏，其何以行之哉？”意谓做人而不讲信用，不知道他怎么可以立身处世就好像牛车没有了套牛的器具，马车没有了套马的器具，又如何能行走呢？晋人傅玄更明确地警示人们：“以信待人，不信思信。不信待人，信思不信。”从此出发，他要求君主应当“以信训其臣”，因为假若“君不以信御臣”，那么，臣也就“不信以奉君”，如是则势必造成“君

① 孙熙国．全球化与中国传统文化的现代转换[M]．济南：山东大学出版社，2009.

臣相疑于朝”、“祸莫大焉”的局面。中国文化所倡导的这种言而有信、以诚信待人的传统，在我们发展社会主义市场经济和建设社会主义新文化的今天，无论从内容上看，还是从形式上看，都具有积极的意义。

（六）推己及人的忠恕之道

所谓推己及人，就是指站在对方的角度来思考，将心比心，在与他人交往过程中应该注意自己是否具有同情心、责任心和使命感。当我们思考自己所钟爱的事物时，我们应该同时考虑到他人的喜好；别人不喜欢的东西，要尽量免于交谈，以免双方尴尬，不要强迫他人去从事自己不感兴趣的事情。“忠恕”乃是一种推己及人的达仁之法，要求人们以自身之心来衡量他人之心。其中，“忠”，就是指“己欲立而立人，己欲达而达人”，自己要站稳，才能扶起摔倒的人。自己要腾达，才能博施济众。“恕”，就是“己所不欲，勿施于人”。自己所不愿意接受的，不要施加到别人身上。只有这样做，才能达到“仁者爱人”的境界。

在实践中，儒家所倡导的这种达到“仁”的方式，可以通过亲疏远近的方式逐步实施。因为每个人都有他的父母或亲人，每个人都怀有对自己父母子女的深深爱意，同时也渴望着他人能够以同样的爱回报他们，那么，推己及人，我们也要关怀别人的父母子女。这也就是《国语》中明确指出的“欲人之爱己，必先爱人；欲人之从己，必先从人”。“爱己”与“爱亲”，都是在一定程度上要求人们要对他人或群体产生一种情感，并以此来影响其行动。如果一个人能够将这种“爱己”“爱亲”的情感普及到更疏远的人身上，那么他就真正地做到了“爱人”和“达人”。将这些情感融入政治实践中，即“孝乎惟孝，友于兄弟，施于有政。是亦为政，奚其为为政？”。中国传统文化中，儒家思想所蕴含的推己及人的忠恕之道，是一种卓越的遗产，也是我们在构建社会主义新道德时应当汲取的有益形式和内涵。

（七）乐行忧违的人生境界

与西方文化相比，中国传统文化尤为注重道德的涵养和理想人格的完善，把树立远大的志向和追求崇高的理想作为人生的最高境界和需要。因此，为了实现自己的人生理想，就可以舍生取义，杀身成仁。孔子讲：“朝闻道，夕死可矣。”把道德理想看得比生命还要重要。因为在中国文化的视野下，“道”是人之为人的根本，丢弃了它，虽生犹死；得到了它，虽死犹生。所以，孔子又说："志士仁人，有杀身以成仁，无求生以害仁。"（《论语·卫灵公》）孟子也讲："生，我所欲也；义，亦我所欲也。二者不可得兼，舍生而取义者也。"（《孟子·滕文公下》）从此出发，儒家主张，君子生于天地之间，就应当践履自己的政治主张，实现自己远大理想和志向，"行天下之大道""得志，与民由之；不得志，独行其道""富贵不能淫，贫贱不能移，威武不能屈""天下有道则见，无道则隐""天下有道；以道殉身；天下无道，以身殉道"。即使是在自己的政治理想和远大抱负无法实现时，亦不坠青云之志，"不易乎世，不成乎名。遁世无闷，不见是而无闷。乐则行之，忧则违之"。中国传统文化所特有的对思想道德的关注和对人生最高境界的追求，是构成新时期社会主义思想文化建设的重要内容，也是我们进行社会主义新文化建设可资借鉴的重要形式。

二、优秀传统文化现代价值转化的基本要求

（一）新文化建设的源泉

新文化建设的源泉到底是什么，有这样的看法主张，即"自然延续论"，新文化是在之前文化的基础上建设而来的，因此有人主张社会主义新文化应当是中国传统文化的自然延续，因此，中国传统文化应当成为当代文化的母体和源泉动力。鉴于儒家文化是中国传统文化的主流，因此，当代新文化的重建必须以儒家文化为基础，对其进行深入挖掘，找到其中蕴含的各种中国当代文化发展的"基因"，然后将其加入新文化的建设之中，从而推动其不断发扬光大。社会主义思想文化发展的源泉，就是中国传统文化本身，因此，在当代文化建设与发展过程中，中国传统文化发挥着不可或缺的作用。

（二）满足人的全面发展需要

社会和人是统一的。中国传统文化的现代转换必须立足于中国特色社会主义的实践，必须满足中国人民全面发展的需要。《管子》云："仓廪实则知礼节，衣食足则知荣辱。"但是，"仓廪实"了以后，真的就"知礼节"了吗？"衣食足"了以后，真的就"知荣辱"了吗？根据相关统计，现在很多中国人生活已经很富裕，照理说"衣食"已经"足"了，但是，"礼节"和"荣辱"依然不能适应现

代社会发展的需要，依然是摆在我们面前一个亟待解决的重大问题。因此，实现中国传统文化的现代转换，需要从书斋里走出来，把我们的眼光转向现实社会，转向现实的人，密切关注社会发展的需要，认真思考我们究竟需要什么样的人，我们究竟应该成为什么样的人。这是中国传统文化现代转换中首先要考虑的问题。

（三）满足中国特色社会主义和谐文化建设需要

和谐是中国传统文化的基本精神，也是我们中国特色社会主义建设的重要目标。中国传统文化的现代转换应该围绕这一目标进行。“和”的要义是差别和对立。“和”是以承认无限多样和丰富多彩的事物的存在为前提。《国语》记载了史伯对“和”的解释，可谓深得“和”之真意。他说“以他平他谓之和”“若以同裨同，尽乃弃矣”，就是说互斥者方能互补，不同的两个事物在一起相互作用，相互影响，这就是“和”；相同的两个事物在一起，什么都不会产生，这不能叫作“和”。所以，史伯的结论是：“夫和实生物，同则不继。”“和”才会产生万物，“同”就会因失去了差别和对立从而什么也产生不了。

和谐文化以崇尚和谐、追求和谐为价值取向，融思想观念、思维方式、行为规范、社会风尚于一体，反映着人们对和谐社会的总体认识、基本理念和理想追求，是中国特色社会主义文化的重要组成部分。和谐文化既是和谐社会的重要特征，也是实现社会和谐的文化源泉和精神动力。无论是经济社会的协调发展、人与自然的和谐相处，还是人与人的团结和睦，乃至人自身的心理和谐，都离不开和谐文化的支撑。没有和谐文化，就没有社会和谐的思想根基，也就不可能有建设和谐社会的实践追求。构建社会主义和谐社会，不仅是内在的需要，而且必将催生出与之相适应的和谐文化。这也是中国传统文化现代化转换必须承担的内容。

三、优秀传统文化现代转换的基本路径

（一）多元并存、共同发展

随着全球化的趋势越演越烈，各国的文化之间不断地进行碰撞与交流，在这个过程中，世界各民族文化也在不断地进行着转换与发展。对于中国传统文化来

说，要实现现代转换，就要实现文化的多元共存、共同发展。

第一，对待文化的发展与转换，始终坚持多元共存、共同发展。

在如今世界上，纵使全球一体化趋势的发展越来越明显，各国政治、经济、文化等也在不断地进行交流，但是，实际上不同文明之间仍是有着很大的不同，这种差异是无法消除的。而且，随着全球一体化趋势的影响，文化多元化发展趋势越来越明显。国家与国家之间、民族与民族之间是不同的，这些文化之间也不可能有完全等同的价值标准，也不能把所有文明统一起来加以评判。但是，在人类历史的文学史、艺术史和建筑史上，所有文明的地位是平等的，它们相互渗透、促进，共同构成了一个完整的文明体系，各个文明均为社会的进步做出了独特的贡献。这些文明是人类文明的重要组成部分，这些人类历史上的文明并不遵循相同的发展节奏，而是以不同的节奏在不断的发展之中，共同构成了多元共存的文明。

任何一种文明都具有自己独特而丰富的内容与形式，都有各自鲜明的特色。在漫长的历史进程中，这些不同的民族与国家受到地域、传统、历史等因素的影响，其整个社会的生活、生产及思维方式都是不同的，在文化体系方面展现出一种独特性，从而形成了不同的文明类型。文明多样性的发展，其最根本的源头在于不同文明的差异性。针对这些独特的文明，我们必须认识到它们之间的差异与矛盾，同时也必须认识到它们的统一与共存。我们应该要尊重不同的文明，理解不同的文明，相互学习、相互吸收，从而实现共同发展、共同繁荣的目标。

在现代教育和科学已有完善建构的今天，我们完全可以赋予中国传统文化以鲜明的实践特色、民族特色和时代特色，赋予中国传统文化以民主和科学的内容，在此基础上，恢复其影响力，使它立足于中华民族本土各个地域而创造出的文化精神、真理和价值，且成为整个民族共同认同的信念和信仰。

第二，坚持多元并存、共同发展必须树立开放的文化观。

在 21 世纪，以工具理性为特征的西方文化和以道德理性为特征的中国传统文化走到一起，互相交叉、互相渗透、互相融合。在这个过程中，我们必须坚持以下三点。

首先，要维护全球文化多样性的发展趋势。只有承认并尊重各民族文化多样性并相互联系，才能促进全人类的共同进步，实现人类文明的持续繁荣。

其次，文化是平等的，各个国家的地位有高有低，但是各个国家的文化没有强弱之分。在多元文化相互交流融合的过程中，在这一过程中，作为“他者”的人类文化也必然会被理解、尊重、认同，而不是被同化或排斥。每一种文化传统都要更好地以“主体”的姿态建构自身，不断推动自身文化的发展。

最后，各个国家、民族不同的文化之间进行交流与对话，在这个过程中所有文化均参与了意义的创造和生成，各种文化的价值和意义都得到了认可与肯定；通过交往实践，不同的民族、国家和群体之间的文化相互参照，互相也会产生新的理解，以促进彼此的认同和团结，推动不同文化的发展与更新。

对于中国传统文化而言，应“发扬吾固有之文化，且吸收世界之文化而光大之，以期与诸民族并驱于世界”。在当今时代，我们应当以全球化的社会发展实践为基础，尊重各种不同文化之间的差异，取长补短，积极吸收西方文化的积极因素，以克服中国传统文化中的消极因素并弥补其不足。同时也要看到，在全球化时代，任何国家或民族都不可能孤立于其他国家或民族之外，它必然受到全球范围内各种思想文化思潮的影响。唯有将中西文化相互融合，融会贯通，从中国式现代化建设的实际需求出发，以开放的心态去面对中西方的文化，批判性地吸收古今中外所有有价值的文化成果，并经过辩证的扬弃，最终实现融合，才能开创新局面，创造新辉煌。

（二）批判继承传统有效文化

针对外来的文化，不能一味地继承与推崇，也不可一味地批判与反对，而是要具体分析它的优势与缺点，取其精华，弃其糟粕，批判性地对其进行继承。

关于中国传统文化的继承问题，一直以来备受困扰，到底该不该继承，如果继承的话又该如何继承。从五四运动开始，文化激进主义开始成为主导，曾经有人提出要扔掉线装书、废除汉字，在我们现在看来，这些想法都是极其可笑与荒谬的，但是，在当时竟然能够被提出来，并成为讨论的话题，这不得不说当时西方文化的大量涌入给人们带来的困扰与迷茫。冯友兰先生在 1956 年 10 月 23 日《人民日报》上发表题为《关于中国哲学史研究的两个问题》一文，指出：“我们近年来的哲学史工作大概用的是形而上学唯物主义的方法，把哲学史中唯物主义和唯心主义的斗争简单化、庸俗化了，使本来内容丰富的哲学史变得贫乏、呆板。”1957 年 1 月 8 日，他又在《光明日报》上发表《中国哲学遗产的继承问题》一文，认为“我们近几年来，在中国哲学史的教学中，对中国古代哲学似乎是否定得太多了一些，否定得多了，可以继承的遗产也就少了。我觉得我们应该对中国的哲学思想作更全面的了解”。他强调，对中国哲学史中的命题，应当注意到两方面的意义：一是抽象的意义，二是具体的意义。历史上的哲学命题，它的抽象意义是可以继承的，具体意义是不可以继承的。他举例说：“论语中子曰‘学而时习之，不亦说乎’，从具体意义上看，孔子教人学的是诗书、礼乐等传统的东西，从这方面去了解，这句话对现在就没有多大用处，不需要继承它，因为我们现在所学的不是这些东西。但是如果从这句话的抽象意义上看，这句话就是说无论学什么东西，学了之后，都要及时地经常地温习和实习，这些都是很快乐的事。这样的了解，这句话到现在还是正确的，对我们现在还是有用的。”

（三）综合创新法

关于传统文化的综合创新法，主要有以下四个要点。

第一，所有具有价值的人类文明成果，无论是古代、现代、外国还是中国，都应该被我们学习、借鉴、继承和吸收。

第二，为了推进中国文化和整个中国社会的现代化，我们需要在继承中国传统文化的基础上，汲取西方文化的精华，以适应当今中国的现实需求。确定民族文化的主体性原则，就是要以我为主，为我所用。对于当今中国的现代化建设，我们应该继承那些对其有益的元素，而那些无用、有害的元素则不应该被传承。

第三，针对中国传统文化与西方文化来说，要辩证地批判继承，要选择性地借鉴其中比较好的部分，在借鉴时不能照抄照搬，而是要消化、分析，由表及里，去粗取精，吸收其中有益的部分。

第四，世界各国都有自己的特点，不同国家、地区、民族之间有着很大差异。在对文化进行综合创新的时候，要将古代与现代文化相综合，要将中国文化与外国文化相综合，必须要辩证性地进行综合。比如，在吸纳外来佛教和本土道教、道家思想的基础上，中国的原始儒学焕发出新的生命力，形成了宋明时期的全新儒学体系。在综合创新的过程中，对各种不同的文化进行咀嚼和消化，最终转化为适合中国的文化。

（四）努力构建中国特色社会主义的新文化

构建中国特色社会主义和谐文化要求我们努力把中国优秀传统文化和中国革命的优良传统结合起来。将西方现代化进程中造成的某些问题及历史教训与中国传统文化中的“和为贵”的价值观联系起来，在普遍和谐的四大关系的基础上建构中国特色社会主义新型价值观体系。下面，进行简要分析。

第一，身与心之间的和谐，身心健康，全面发展；第二，人与人之间的和谐，在人际交往中，要注重建立和谐的人际关系，以促进共同繁荣和共同进步；第三，国与国之间的和谐，在国与国的互动之中，互相之间也能够彼此了解，追求和平，促进共同发展；第四，天人之间的和谐，追求天人合一，持续发展。这四种和谐之间并没有很明晰的界限，甚至有的时候会存在着一定的矛盾与斗争。和谐所体现的是对立统一规律的一种独特表现形式，其目的在于强调无论在哪个方面，矛盾共同体都是对立统一、协调一致、共同发展的。

这种新型的和谐价值观有助于解决西方现代化过程中出现的工具理性与价值理性之间的深刻矛盾，是中国特色社会主义理论的伟大创新，有助于人类走出困境，共同发展，推动中华民族的伟大复兴。

第三节　中华优秀传统文化创新发展的基本路径

中华传统优秀文化创新发展的基本路径如下。

一、提高思想认识，优化发展环境

优化文化创意产业发展环境，完善基础设施建设，健全各项制度保障，优化法制治理环境。政府应联合当地高校建立产学研一体化的人才培育基地，建立文化产业人才数据库，建立人才交流平台，创新人才交流与管理的新机制。

二、丰富产品体系，形成产业集群

文化产业集群是传统文化创新发展的高级模式，可形成集聚效应、共生效应、协同效应、区位效应、结构效应。因此要强化一体化观念，走文化产业集群发展的道路。具体来说，要改变行政区划内文化资源独有独享的旧观念，树立资源共享、优势互补、共同打造文化整体形象的新观念，打破行政区划，加强区域联合协作，形成区域文化旅游产业发展的新格局。

三、创新投资机制，完善资源配置

加大科技研发、人才服务、金融服务、品牌建设等平台建设投入力度，完善文化创意产业服务支撑体系，引导文化创意产业与高校合作，加强技术研发。促进创意中介机构的网络化发展，为创意企业提供信息、咨询、融资、专利代理等方面的服务，引导文化创意产业跨地域进行跨界组合：通过技术入股、发行股票、债券、社会集资等直接投融资方式，或通过产权交易、兼并、购并、联合等方式，实施文化企业存量重组。推广品牌经营、连锁经营等模式，实现资本与资源的有机融合。

四、加大政策扶持力度，创新发展模式

完善财政、税收、土地及人才政策，保障文化创意产业的创新发展。加快信息网络等基础设施建设，降低企业信息化成本；充分利用数字化信息处理技术和网络通信技术，整合各种信息资源；大力推进文化旅游产业增长方式由规模型、速度型、粗放型向质量型、效益型、集约转变；全面优化文化旅游产品结构、要素结构、人才结构、区域结构和企业结构，进一步提高文化旅游产业的整体素质。

五、创新文化传承，提升产业服务

适应时代的发展，引进融入文化新元素，挖掘传统文化资源，创新儒家文化传承载体，加大对遗产的保护力度；加强公共基础设施建设，提升航空、铁路、公路、水路和景区交通设施水平，增强通达性，构建统一、高效、舒适的现代交通体系；完善公共信息、咨询服务、投诉处理、应急处置、紧急救援、旅游保险等公共服务体系。

六、建立优秀文化创新发展的长效机制

所谓长效机制，即能长期保证制度正常运行并发挥预期功能的制度体系。为了促进传统文化的传承和发展，各级政府必须制定相关的政策与法规，为传统文化的传承和发展提供制度上的保障。通过建立传承传统文化的长效机制，保证传统文化在现代多元文化的冲击中，在急功近利的经济效益诉求下，冲破自身本体农耕性的束缚，摆脱商业附庸性，保持传统文化的纯度。该长效机制能够突出各级政府在传统文化传承和创新发展中的主导作用，即政府是建立这一长效机制不可或缺的领导者、策划者、组织者和协调者。为确保传统文化传承和创新工作的顺利进行，各级政府需做好以下四个方面的工作。

（一）进一步制定保护传统文化资源的具体措施

保护传统文化资源是当代传承和发展传统文化的前提。要使保护工作落到实处且卓有成效，必须采取合理有效的保护方法和措施，具体措施如下：其一，实行系统性立法保护；其二，实行传承性保护；其三，实行知识产权保护；其四，实行整体性保护；其五，实行社会性保护；其六，实行文化资源产业化开发的对位性保护。

（二）因地制宜开发本土传统文化资源

鼓励各地结合自身特色，采取灵活多样的形式，开发利用本土传统文化资源：其一，依托现代艺术设计开发地方本土文化资源；其二，以旅游为突破口，开发地方本土传统文化资源；其三，充分利用民间文化活动，开发地方本土传统文化资源。

（三）加大传统文化的招商引资力度

要建立优秀文化创新发展的长效机制，就要加大传统文化的招商引资力度，政府通过招商引资，为传承和发展传统文化提供了有力的物质支撑，从而为其注入了强大的动力。在经济全球化背景下，为了扩大传统文化的影响力，需要采取多种措施，其中，资金问题的解决是至关重要的，因为只有筹集足够的资金，才能确保传统文化传承工作的持续开展。在我国目前情况下，传统文化的保护与开发已进入一个新阶段，这就要求政府要把这项事业做大做强。但是，仅仅只靠政

府的财政拨款是不足以完成此项使命的，政府必须出面主导招商引资，为传统文化的传承与发展吸纳更多的资金。在我国现有条件下，如何拓宽招商渠道，吸引更多的资本进入传统文化领域。政府可以采取多种措施，包括精心策划推介活动，以扩大招商引资规模，以及将区域内特色文化资源整合起来，共同建立文化产业招商引资项目库等。

（四）协调社会各方力量共谋传统文化的传承

要建立优秀文化创新发展的长效机制，就要协调社会各方力量，以形成强大的合力，共同推动文化发展和生态文化建设。在当前形势下，国家对传统文化教育高度重视。传统文化的繁荣发展离不开各级出版、广播、电视等部门的协同合作，通过多个部门的协调合作，其各自的职能优势充分被发挥出来，发挥所长，成为传统文化传承的主力军。要加强宣传引导，营造良好舆论氛围，需要各有关部门和社会各界积极参与，紧密协作，共同努力，各级各类学校也要加强对学生进行优秀传统文化教育。为了激发全社会的文化创造活力，我们需要积极调动广大民众参与传统文化传承的主动性和积极性，让他们成为文化发展的主体。

七、学术研究与大众普及的兼顾

传统文化的传承与发展必须做到学术研究和大众普及的兼顾。一方面，调动各地、各级学术界参与传统文化传承与发展的积极性，使之对其进行深入研究，为传统文化的传承与发展提供学术保障。另一方面，调动民众的积极性，让传统文化的传承和发展成为自觉的民间行为。

（一）加大学术研究的力度

传统文化的传承首先离不开深入的学术研究。只有通过学术界的深入研究，取其精华、去其糟粕，才能正确认识和把握传统文化，从而更好地弘扬传统文化。针对传统文化研究的现状，加大学术研究力度的举措如下：其一，加强学术团队建设；其二，加大学术经费的投入力度。

（二）加快大众普及的进程

事实证明，传统文化在大众中的普及度还不够。大众虽然生活在具有深厚传统文化的大地上，被传统文化包围着，但是对传统文化的精髓知之甚少，这不利于传统文化传承和发展。传统文化的传承和发展离不开传统文化在大众中的普及，即要求社会各个阶层、各类群体成员的积极参与，每一个社会成员，无论其身份、地位和职业如何，都应认同传统文化，并且都应以适当的方式致力于传统文化的传承和发展。广泛普及优秀传统文化，让传统文化的传承与发展成为自觉的民间行为，使传统文化变成民众的精神食粮，加快传统文化大众普及的进程，具体措施如下：其一，积极推动民间文化之乡建设；其二，大力发展民间文化组织，扩大传统文化在公众日常生活中的影响力；其三，发挥大众传媒强大的舆论优势，吸引公众关心、参与传统文化的传承工作；其四，重视传统文化对青少年的影响，开展“传统文化进校园”活动；其五，征集传统文化的民间志愿者，确保传统文化的持久性传承。

综上所述，传统文化的发展是一项浩大的探源工程、抢救工程和积累工程，既需集中民众、学术界、政府等各方面的力量共同努力，又要多措并举，将传统文化的发展运用到和谐社会建设的实践中，运用到人们的精神建构中，使之传承模式日常生活化，加速其发展，推动其内容不断创新，扩大其普及范围，进而提高其竞争优势。

第四节　中华优秀传统文化创新发展的工作重点

一、书院文化的创新性发展

（一）书院精神塑造青少年德行

以书院精神塑造新时代青少年的德行，就是要坚持和遵循儒家“德育为先”的原则，改善社会教育的道德环境。具体来说，要改善人际交往环境，注重人的伦理道德教育。儒家的明德、新民、止善和致知、格物、正心、诚意、修身、齐家、治国、平天下，自始至终把伦理道德教育放在首位，坚持平等、民主的教育精神。因此在对青少年实施教育时，既要提倡儒家伦理道德中的尊师重教，又要坚持师生平等民主，即师生之间可在平等交流的基础上相互切磋和砥砺；允许青少年根据自己的兴趣、爱好自由择师，中途仍可易师换校，不受地域的限制，来去自由。

（二）书院精神塑造中国大学精神

以书院精神塑造新时代的中国大学精神，就是要将自由精神作为塑造大学精神的根基、思想资源。具体来说，要培育大学的独立精神，使大学自身不受世俗社会的干扰与制约，尤其是不能堕落为权力的玩偶；要在思想自由的基础上，实现学术自由，这样才能使大学成为自由探索高深学问的场所。另外，在大学里，学科之间既要相互竞争，又要相互交往，相互调整各自的主张及彼此之间的关系；学者们要相互尊重、相互磋商、相互帮助，实现学术兼容、学者相亲、学风纯洁；注重人格的发展与完善，强调人的价值和需要，关注生活世界存在的基本意义，珍视人的生命；反对拜金主义，关注人的人格尊严；以人为本，重视人的作用，反对工具理性或技术理性，强调价值理性和目的理性。

二、家庭文化的创新性发展

（一）培育新时代的家训、家教、家风

在现代社会，家规、家训、家法等融为一体，形成了统一的家教，与大众生活相呼应，符合目前社会主流的伦理、道德标准，爱国、敬业、诚信、友善成为家庭成员的行为准则。新时代家庭教育的首要任务是做人教育，把培育孩子的道德人格放在第一位。新时代的家庭教育要培育孩子崇高的家国情怀，家国情怀是一个人对国家和人民的深情大爱，对国家富强、人民幸福的理想追求。新时代的家庭教育要培育孩子树立高尚的道德风范，把立德树人放在第一位，铸就光明伟岸的道德人格。立德教育主要是忠孝教育，在家能孝，于国则忠；要求子女尊敬长辈，尽反哺之情，报养育之恩。新时代的家庭教育要培育孩子树立博大的仁爱之心，树立勤勉的乐学思想，树立远大志向，勤奋读书学习，这是中华民族的精神追求，也是中国社会的优良传统。

（二）建设新时代的领导干部作风

在新的时代，要全面从严治党，建设新时代的领导干部作风，其中有一个最

显著的特征，就是指领导干部的家风建设，这是领导干部作风建设的重要组成部分。在新时代条件下，加强党员干部家风建设是践行党的群众路线、实现党风廉政建设与反腐败斗争深度融合的必然要求。尽管家风源于家庭、扎根于家庭，但是党员领导干部的道德品质和价值取向都在其影响之下形成，良好家风是党员干部保持清正廉洁政治品格的精神动力源泉。良好的家风不仅能够培养领导干部的品德修养，同时也能够为他们的廉洁从政提供一道坚实的屏障，从而形成一股强大的感染力和精神力量。党员干部是党的事业发展的中坚力量，每一位党员领导干部要想改进自身的作风，就必须要注意个人道德修养、家风建设及廉洁从政。在新时代下，我们党有责任把党的优良作风传承下去，党员领导干部应当以廉洁齐家为己任，自觉以身作则，树立高尚的家风风尚。党员干部要把家风建设作为修身之本，同时还要注重教育并管理亲属及身边的工作人员，来培养和维护良好的家教、家风。

三、加强对青少年德育价值观的培养

（一）坚持德育为先

要加强对青少年德育价值观的培养，坚持德育为先，采用儒家文化的精髓和思想道德，通过因材施教、及时自然等方法，循序渐进，一步步进行讲解，对青少年进行个性化教育，以塑造其人格。

（二）改善教育环境

要加强对青少年德育价值观的培养，还需要改善教育环境，使青少年能够身处在一个十分美好、和谐的氛围之中，能够培养其形成正确的思想观念，提高道德认知、道德评价和道德选择能力，可通过多种形式的大众传媒来传播更加易于被青少年接受德育内容，其传播速度也比较快，能够更好地对青少年进行德育教育，培养其形成正确的价值观。

（三）注重社会实践

坚持生活化德育的实践方式，使德育回归生活。德育最终是要回归生活的，人的道德与人的生活是一体的，道德源于人类生活的需要。要实现德育以人为本，就不能脱离生活。生活化德育就是要让受教育者真正走进生活，主动接受生活中各种积极、健康的影响；实践有益的道德生活，在实践道德活动中养成良好的德行。只有青少年有了良好的德育价值观，传统文化的创造性转化、创新性发展才能后继有人，优秀传统文化才能真正走进千家万户，在中华大地发扬光大，为中华民族的伟大复兴提供智力支撑和精神保障。

参 考 文 献

[1] 张宏．中国传统文化概论 [M]. 北京：北京理工大学出版社，2019.

[2] 从云飞．中华优秀传统文化 [M]. 北京：华文出版社，2021.

[3] 曹玉华．思想教育与传统文化 [M]. 长春：吉林人民出版社，2018.

[4] 杜昀芳，刘永记．中华优秀传统文化 [M]. 北京：新华出版社，2021.

[5] 王卫东，吴晓辉．中华优秀传统文化精要 [M]. 广州：广东高等教育出版社，2022.

[6] 陈发祥．体验传统文化魅力肩负文化传承重担 [M]. 合肥：合肥工业大学出版社，2020.

[7] 耿成义，李文军．传统文化体验教育引论 [M]. 济南：山东大学出版社，2020.

[8] 张绪佑．传统文化杂谈录 [M]. 南昌：江西美术出版社，2020.

[9] 单丽作．新时代的中华优秀传统文化与文化自信的建立研究 [M]. 北京：中国纺织出版社，2021.

[10] 童建军．广东学校传承与发展中华优秀传统文化研究 [M]. 广州：广东高等教育出版社，2019.

[11] 孙勇刚．试论新时代背景下对中华优秀传统文化的传承 [J]. 陇东学院学报，2023，34（3）：68–71.

[12] 尹思达．高校图书馆在传统文化传承与创新中的作用 [J]. 文化创新比较研究，2023，7（13）：120–123.

[13] 曹卉．文化自信视域下中华优秀传统文化的传承路径 [J]. 文化产业，2023（12）：84–86.

[14] 陆旻瑶，陆小荣．中华优秀传统文化（宜兴紫砂陶）高校学生社团传承研究

[J]. 江苏陶瓷，2023，56（2）：3-4.
[15] 杜辉．中华优秀传统文化传承创新的四个维度 [J]. 中学政治教学参考，2023（16）：76-81.
[16] 李程丽．乡村优秀传统文化传承发展的价值承载、体系构建及方法路径 [J]. 中共济南市委党校学报，2023（2）：65-71.
[17] 李少虹．新媒体时代中华优秀传统文化传承研究 [J]. 传播与版权，2023（5）：87-90.
[18] 陈燕．习近平论中华优秀传统文化：基本内涵、时代价值及传承启示 [J]. 中共桂林市委党校学报，2023，23（1）：6-10.
[19] 崔磊．传统民族文化符号的传承发展研究 [J]. 文化产业，2023（7）：91-93.
[20] 甄敬霞．传承弘扬中华优秀传统文化的思想精髓与实践路径 [J]. 实事求是，2023（2）：47-57.
[21] 王伟慧．中国共产党人传统文化观的百年嬗变研究 [D]. 石家庄：河北科技大学，2022.
[22] 弓昭民．党的十八大以来中华优秀传统文化教育创新研究 [D]. 长春：东北师范大学，2022.
[23] 冯梦瑶．论李子柒短视频中的中华优秀传统文化表达 [D]. 昆明：云南艺术学院，2022.
[24] 信慧慧．中国共产党传承中华优秀传统文化的历史进程与基本经验研究 [D]. 济南：山东大学，2022.
[25] 赵信彦．习近平新时代中国特色社会主义思想传承创新中华优秀传统文化研究 [D]. 济南：山东大学，2022.
[26] 邓林清．习近平传统文化观的形成及价值研究 [D]. 成都：四川农业大学，2022.
[27] 梁志玲．新时代大学生中华优秀传统文化自信培育研究 [D]. 桂林：广西师范大学，2022.
[28] 郭枫．中国传统文化的绘本转化与媒介再生产 [D]. 开封：河南大学，2022.

[29] 虞干湘．媒介融合背景下央视综艺节目的传统文化传播策略研究 [D]. 南昌：江西财经大学，2022.

[30] 石培洁．贵州省苗族优秀传统文化传承发展研究 [D]. 吉林：长春理工大学，2022.